<u>Zahltage 2019</u>

Das Beste aus *Nur Bares ist Wahres!*
Finanzblog für Hochdividendenwerte

Luis Pazos
https://nurbaresistwahres.de

Fragen und Anmerkungen zu diesem Dokument nimmt der Autor gerne unter folgender E-Mail-Adresse entgegen: pazos@nurbaresistwahres.de

Weitere Informationen zu den Themen Hochdividendenwerte, ausschüttungsorientierte Investitionsstrategien und passive Einkommenserzielung finden sich im Finanzblog des Autors: https://nurbaresistwahres.de

INHALT

Vorwort

Am 30. Januar 2017 startete der erste und bisher einzige Finanzblog zu Hochdividendenwerten im deutschsprachigen Raum mit einer der berühmtesten Erzählung aus der Sammlung des griechischen Fabeldichters Äsop:

„Es war einmal ein Mann, ein rechter Glückspilz, der eine Gans besaß, die ihm jeden Tag ein goldenes Ei legte. Das gefiel dem Mann, aber nachdem eine Zeit vergangen war, begann er darüber nachzudenken, woher das Gold der Eier wohl käme. ‚Es kann nur so sein‘, dachte er, ‚dass in ihrem Bauch ein ganzer Goldklumpen steckt!‘ Und weil er nie von allem genug kriegte, packte ihn die Gier. Er beschloss, die Wundergans zu schlachten, um das ganze Gold auf einmal zu bekommen. Gesagt, getan. Doch als der Mann seine Gans aufschnitt, stieß er nur auf das, was alle Gänse in ihrem Bauch haben. So brachte ihn seine Habsucht um den vermeintlichen Riesenreichtum, aber auch um das tägliche goldene Ei, das ihm seine Gans getreulich weiter gelegt hätte, bis sie von selber gestorben wäre."

Die über 2.500 Jahre alte Fabel „Die Gans, die goldene Eier legt" symbolisiert auf den Punkt den zeitlosen Wunsch des Menschen nach finanzieller Unabhängigkeit sowie das regelmäßige Scheitern desselben an persönlichen Unzulänglichkeiten. Sie dürfte zudem die erste bekannte Erzählung sein, welche das sogenannte „passive Einkommen" zum Gegenstand hat.

Genau solche (Vermögens-)Gänse und ihre goldenen (Dividenden-)Eier stehen im Mittelpunkt von *Nur Bares ist Wahres!*, dem Finanzblog für Hochdividendenwerte. Die nachfolgenden Seiten versammeln die besten Beiträge des dritten Jahres aus den Rubriken Wertpapierbesprechungen (Cashtest), Geldgespräch (Interviews), Geldanlage (Strategie) sowie Vermischtes (Sonstige). Allen Einkommensinvestoren und solchen, die es werden wollen, wünsche ich auch diesmal gute Unterhaltung und viel Erkenntnisgewinn – nur Bares ist Wahres!

Rubrik: Cashtest

1. Cashtest – Eaton Vance Tax-Advantaged Global Dividend Income Fund

Einstieg und Überblick

Bei meinem kürzlich erfolgen Rückblick zum ersten Jahrestag des Inkrafttretens der MiFID-II-Richtlinie habe ich verschiedene Ausweichstrategien für Privatanleger vorgestellt. Zum Hintergrund: Aufgrund besagter Richtlinie ist es für Anleger mit Wohnsitz in der Europäischen Union (EU) nicht mehr so einfach möglich, außereuropäische Exchange Traded Funds (ETFs) zu erwerben – sämtliche Details können besagtem Blogbeitrag entnommen werden. Als vergleichsweise einfach umzusetzende Strategie schlug ich vor, auf Wertpapieralternativen auszuweichen.

So unterbindet MiFID II den Handel mit ETFs, nicht jedoch mit australischen Investment Companies, kanadischen Trusts oder US-amerikanischen Closed-end Funds (CEFs), die technisch als Aktien gelten. All diese Alternativen lassen sich beispielsweise über CapTrader oder LYNX Broker handeln, sollten jedoch auch über gute inländische Broker geordert werden können. Für fünf populäre Hochdividenden-ETFs habe ich entsprechende Alternativen benannt. Eine davon möchte ich heute im Detail vorstellen, nämlich den Eaton Vance Tax-Advantaged Global Dividend Income Fund. Hierbei handelt es sich um einen CEF und den Gegenvorschlag zum Global X SuperDividend ETF, den unter Einkommensinvestoren vermutlich beliebtesten ETF!

Historie und Kennzahlen

Gemanagt wird der Eaton Vance Tax-Advantaged Global Dividend Income Fund von der gleichnamigen, in Boston ansässigen Fondsgesellschaft und Vermögensverwaltung. Hierbei handelt es sich um eine der ältesten ihrer Art in den USA. Hervorgegangen ist sie aus der Fusion der Eaton & Howard Inc. (gegründet 1924) sowie der Vance, Sanders & Company (gegründet 1934) im Jahr 1979. Eaton Vance ist selbst börsennotiert und Mitglied im S&P MidCap 400 Index. Aktuell verwalten die gut 1.000 Mitarbeiter des Unternehmens Vermögenswerte („assets under management", AUM) in Höhe von über 422 Milliarden US-Dollar. Unter den über 130 Fonds, die Eaton Vance verwaltet, befinden sich 30 CEFs, unter ihnen der am 30. Januar 2004 und damit gut sieben Jahre vor dem Global X SuperDividend ETF aufgelegte Eaton Vance Tax-Advantaged Global Dividend Income Fund. Dessen Kurs beträgt aktuell circa 14,65 US-Dollar, die Marktkapitalisierung liegt mit 1,12 Milliarden US-Dollar etwa 200 Millionen US-Dollar höher als die des Global X SuperDividend ETF. Kommen wir zur Vermögensallokation des Fonds. Derzeit setzt sich das verwaltete Vermögen wie folgt zusammen:

- 83 Prozent Stammaktien
- 11 Prozent Unternehmensanleihen
- 5 Prozent Vorzugsaktien
- 1 Prozent sonstige Vermögenswerte

In Summe besteht das Portfolio aus 154 Positionen. Bezüglich der geografischen Verteilung dominieren die USA mit knapp 60 vor Europa mit etwa 30 Prozent. Die fehlenden Prozentpunkte verteilen sich auf Asien und Lateinamerika. Bei den Branchen verteilen sich jeweils etwa zehn Prozent auf Finanzen, Gesundheit, Informationstechnologie, Industrie und Konsumgüter. Unter den Beteiligungen finden sich klassische Dividendenzahler wie REITs, Energie- und Infrastrukturunternehmen oder Tabakhersteller, ebenso jedoch auch der eine oder andere ehemalige Wachstumswert wie Amazon, Apple oder Microsoft.

Hier werden zwei Unterschiede im Vergleich zum Global X SuperDividend ETF ersichtlich, die letztendlich beide auf den aktiven beziehungsweise passiven Managementansatz zurückzuführen sind. Zum einen investiert der ETF automatisiert und folgt dabei einem Index, bei dem die Dividendenrendite, ergänzt um einige qualitative Vorgaben, im Vordergrund steht. Beim CEF steht die Auswahl hingegen dem Fondsmanagement frei. Die Leitlinien sind wie folgt beschrieben: „The Fund invests primarily in global dividend-paying common and preferred stocks and [...] employs a value investment style and seeks to invest in dividend-paying common stocks that have the potential for meaningful dividend growth." Neben „reinen" Dividendenwerten investiert das Team von Eaton Vance auch in Dividendenwachstumswerte, was beispielsweise die oben drei genannten Titel im Bestand erklärt.

Zum anderen führen die beiden verschiedenen Ansätze zu deutlichen Differenzen, was die Vermögensallokation betrifft. Während die Länderverteilung bei beiden Titeln nur unwesentlich differiert, sieht es bei den Anlageklassen schon anders aus. Der Fokus auf die Dividendenrendite führt beim ETF dazu, dass aktuell über die Hälfte des Fondsvermögens in Real Estate Investment Trusts (REITs) investiert ist – der Solactive Global SuperDividend Index, den der ETF nachbildet, kennt kein prozentuales Limit für einzelne Branchen. Im Gegensatz dazu sind die Vermögenswerte des CEFs sehr gleichmäßig auf alle volkswirtschaftlich bedeutenden Sektoren verteilt.

Ein weiterer Unterschied besteht in der Verwendung von Fremdkapital. Während der ETF, wie für diese Wertpapiergattung durchaus üblich, auf Kredite verzichtet, setzt der CEF diese in geringem Umfang ein. Auch das ist durchaus gängige Praxis, selbst bei offenen Investmentfonds deutscher Anbieter. Aktuell beträgt die Fremdkapitalquote knapp 25 Prozent, gesetzlich ist sie durch den US-amerikanischen Gesetzgeber auf ein Drittel der Vermögenswerte („net asset value", NAV) gedeckelt. Diese summierten sich ausweislich des letzten Jahresberichts auf 1,696 Milliarden US-Dollar, die Schulden betrugen 420 Millionen US-Dollar. Mit dem CEF gehen Anleger also ein geringfügig höheres Risiko als mit dem ETF ein.

Konditionen und Besteuerung

Was die laufenden Kosten angeht, hat verständlicherweise der passiv gemanagte Global X SuperDividend ETF klar die Nase vorne. Diese belaufen sich auf 0,58 Prozent des verwalteten Vermögens pro Jahr und liegen beim Eaton Vance Tax-Advantaged Global Dividend Income Fund mit 1,21 Prozent gut doppelt so hoch. Hinzu kommen aufgrund des Fremdkapitaleinsatzes Kreditkosten in Höhe von 0,57 Prozent, so dass die Gesamtkostenbelastung auf 1,78 Prozent steigt. Allerdings stehen den Kreditkosten potenzielle Erträge gegenüber, die diese mittel- bis langfristig übersteigen sollten.

Äußerst gering sind hingegen die Orderkosten. Der Eaton Vance Tax-Advantaged Global Dividend Income Fund ist an der New York Stock Exchange (NYSE) notiert und wird dort allein aufgrund der hohen Marktkapitalisierung liquide gehandelt. Dennoch empfehle ich wie stets sowohl Kauf- als auch Verkaufsaufträge zu limitieren. Äußerst günstig sind die Handelskosten wie eingangs erwähnt bei CapTrader oder LYNX Broker, wo sich sogar eine Kleinorder von wenigen hundert US-Dollar lohnt.

Wie schon der Global X SuperDividend ETF schüttet auch der Eaton Vance Tax-Advantaged Global Dividend Income Fund monatlich aus. Und das äußerst konstant. Seit seiner Emission im Jahr 2004 beträgt die Ausschüttung 0,1025 US-Dollar pro Anteil und Monat. Das entspricht bei einem aktuellen Kurs von 14,65 US-Dollar einer auf das Jahr hochgerechneten Dividendenrendite von 8,4 Prozent. Lediglich in der Boomphase vor der Weltfinanzkrise zwischen 2005 und 2008 war die Dividende absolut betrachtet höher. Bemerkenswert ist ferner, dass sämtliche Auszahlungen bisher stets aus erzielten Dividenden und Zinsen getätigt wurden und nicht aus realisierten Kursgewinnen oder aus der Substanz.

Auch das gehört übrigens zur Strategie des Fondsmanagements. Das erklärte Ziel ist es nämlich, möglichst 100 Prozent der Dividenden als „qualified distributions" ausweisen zu können, wozu ausgeschüttete Kursgewinne ausdrücklich nicht zählen! Warum diese auf den ersten Blick recht haarspalterische Unterscheidung?

Der Grund liegt darin, dass „qualified distributions" in den USA auf Ebene der Anleger wesentlich niedriger besteuert werden als „ordinary distributions". Das erklärt auch das „Tax-Advantaged", also „steueroptimiert", im Namen des Fonds. Wesentlich schwankungsanfälliger als die Dividenden- erwies sich die Kurshistorie – auch da erzähle ich regelmäßigen Lesern dieses Blogs nichts Neues. Im Zuge der Weltfinanzkrise markierte der CEF im März 2009 das historische Allzeittief bei 6,51 US-Dollar. Wer den Mut aufgebracht hätte, zu diesem Zeitpunkt zu investieren, wäre auf Basis obiger Ausschüttung mit einer Dividendenrendite von knapp 20 Prozent belohnt worden! Seit dem Tief hat sich der Kurs langsam und mäßig nach oben entwickelt, zuletzt jedoch wie vermutlich alle breit aufgestellten Fonds den 2018er-Crash voll mitgemacht.

Die steuerrechtliche Handhabung für heimische Anleger erfolgt wie bei CEFs üblich. Gemäß dem Doppelbesteuerungsabkommen (DBA) zwischen den USA und Deutschland werden 15 Prozent Quellensteuer fällig, die jedoch in voller Höhe auf die hiesige Abgeltungssteuer angerechnet werden kann. Für nicht in den USA veranlagte Anleger macht die Unterscheidung zwischen „qualified distributions" und „ordinary distributions" übrigens keinen Unterschied.

Chancen und Risiken

Bezüglich der Chancen und Risiken gelten im Wesentlichen die Ausführungen zum Global X SuperDividend ETF. So notiert der Eaton Vance Tax-Advantaged Global Dividend Income Fund zwar in US-Dollar und tätigt auch die Ausschüttungen in eben dieser Währung, allerdings handelt es sich nicht um eine lupenreine Dollar-Anlage. Der Grund: Der Fonds investiert weltweit und selbst von den dominierenden US-amerikanischen Unternehmen erzielen fast alle einen großen Teil ihrer Umsätze außerhalb der USA. Damit sind die Anleger über die zahlreichen Beteiligungen in eine Vielzahl von Währungen investiert die jedoch laufend in US-Dollar umgerechnet und eingepreist werden. Der US-Dollar dient also gewissermaßen als Basis- und Verrechnungswährung.

Durch die regional breite und vor allem auch sektoral sehr gleichmäßige Streuung ist der Eaton Vance Tax-Advantaged Global Dividend Income Fund in diesem Punkt besser aufgestellt als der Global X SuperDividend ETF mit seinem hohen REIT-Anteil. Der CEF dürfte also Währungs-, Einzelwert-, Branchen- und Länderrisiken – sofern diese nicht die USA direkt betreffen – gut absorbieren können. Das allgemeine Marktrisiko kann auch er nicht eliminieren, wie die Weltfinanzkrise zwischen 2007 und 2009 sowie der Crash im zweiten Halbjahr 2018 gezeigt haben. Wie im letzten Abschnitt kurz skizziert boten Zeiten ausgesprochener Kursschwäche allerdings auch gute Reinvestitionsmöglichkeiten mit doppeltem Hebel, bestehend aus einer hohen Dividendenrendite kombiniert mit Kurspotenzial. Beides gilt in Zukunft natürlich nur dann, wenn der Fonds nicht pleitegeht.

Betrachten wir zum Abschluss noch, wie sich der Eaton Vance Tax-Advantaged Global Dividend Income Fund im Vergleich zu einem ETF auf den MSCI World Index geschlagen hätte. Dieser repräsentiert einen besseren Maßstab als der Global X SuperDividend ETF mit seinem hohen Anteil an REITs, die ein abweichendes Rendite-Risiko-Profil aufweisen. Um Währungseffekte auszublenden habe ich hierfür auf den iShares MSCI World ETF zurückgegriffen, der an der NYSE Arca unter dem Kürzel URHT gehandelt wird und im Januar 2012 emittiert wurde.

Zumindest über die letzten sieben Jahre nehmen sich die beiden Papiere nicht viel. Der Eaton Vance Tax-Advantaged Global Dividend Income Fund weist mit knapp 95 Prozent eine geringfügig höhere Rendite auf als der iShares MSCI World ETF mit seinen gut 90 Prozent. Dies freilich unter der Voraussetzung, dass die Ausschüttungen bei beiden Titeln stets ungeschmälert reinvestiert worden wären, was bereits steuerrechtlich schwer zu bewerkstelligen ist. Ohne die Wiederanlage betrug die Gesamtrendite gut 79 beziehungsweise 85 Prozent – klar, dass der ausschüttungsorientierte Fonds hier das Nachsehen hat.

Zusammenfassung und Stammdaten

Ich habe den Eaton Vance Tax-Advantaged Global Dividend Income Fund als MiFID-II-sichere Alternative zum Global X SuperDividend ETF vorgestellt. Wie dargelegt, weisen beide Titel zahlreiche Übereinstimmungen auf, jedoch auch den einen oder anderen Unterschied, von dem der offensichtlichste der Branchenschwerpunkt des ETF sein dürfte. Vor diesem Hintergrund könnte die vorgestellte Alternative für den einen oder anderen Leser sogar die bessere sein – aber das hängt wie immer von den persönlichen Präferenzen ab. Anleger, die auf einen entsprechenden REIT-Anteil nicht verzichten wollen, können den Eaton Vance Tax-Advantaged Global Dividend Income Fund natürlich auch mit einem REIT-CEF kombinieren, beispielsweise dem Aberdeen Global Premier Properties Fund.

Der Eaton Vance Tax-Advantaged Global Dividend Income Fund kann an der NYSE über das Börsenkürzel ETG gehandelt werden. Aktuell notiert das Papier mit einem Abschlag von 8,5 Prozent zum inneren Wert, für einen US-Dollar Vermögenswerte werden also lediglich 91,5 Cent fällig. Die Internationale Wertpapierkennnummer (ISIN) lautet US27828S1015, das deutsche Pendant A0ML5U. Gehandelt wird der CEF allerdings ausschließlich in Übersee.

Blogbeitrag

https://nurbaresistwahres.de/cashtest-eaton-vance-tax-advantaged-global-dividend-income-fund
vom 26.01.2019

2. Cashtest – Adams Diversified Equity Fund

Einstieg und Überblick

Bei meinen Vorträgen und Seminaren betone ich immer wieder die historische Bedeutung und Relevanz von Ausschüttungen. Auch in „Bargeld statt Buchgewinn" habe ich darauf verwiesen, dass über die längste Zeit ihrer Existenz Wertpapiere beziehungsweise Aktien vor allem auch aus Gründen der Einkommenserzielung gekauft wurden. Tatsächlich stellten Dividenden für viele Menschen nicht nur eine effiziente und kostengünstige sondern sogar meist die einzige Möglichkeit einer selbstbestimmten (Alters-)Vorsorge dar.

Neu war für mich allerdings die Tatsache, dass sich Investmentfonds bereits in der Frühphase ihrer Verbreitung strikt dem Einkommensprinzip verpflichtet haben. Auf einen solchen börsennotierten Fonds beziehungsweise Closed-end Fund (CEF), der dieser Selbstverpflichtung seit mittlerweile über 80 Jahren (!) nachkommt, hat mich Mitte Januar Leser Heiko H. aufmerksam gemacht. Es versteht sich von selbst, dass der Adams Diversified Equity Fund allein aufgrund dieser Historie eine detaillierte Betrachtung verdient.

Historie und Kennzahlen

Namenspatron, Emittent und Verwalter des CEF ist das mindestens ebenso bemerkenswerte Unternehmen Adams Funds. Es geht zurück auf einen privaten Brief- und Paketzustelldienst, den Alvin Adams im Jahr 1840 zwischen Boston und Worcester (Massachusetts) eingerichtet hat. Adams, ein Geschäftsmann aus Vermont, hatte vor diesem Neustart die große Wirtschaftskrise von 1837, der übrigens ein ausgeprägter Immobilienboom vorausgegangen war, ruiniert.

Die Logistikfirma florierte und expandierte rasch über die gesamte Ostküste. Zudem engagierte sich das Unternehmen frühzeitig und stark in der Basisinnovation jener Ära, dem Eisenbahnbau und Transportbetrieb. Genau diese Aktivitäten wurden während des Ersten Weltkrieges durch den US-Präsidenten Woodrow

Wilson mit denen von American Express und Wells Fargo, die heute ebenfalls Finanzdienstleister sind, zur American Railway Express Company (AREC) zwangsfusioniert. Im Jahr 1929 schließlich gingen sämtliche Anteile an der AREC im neuen US-Schienenmonopolisten Railway Express Agency auf, der von insgesamt 86 Eisenbahngesellschaften geformt und verwaltet wurde.

Adams Express, wie das Unternehmen seit 1855 hieß, ließ sich jedoch ausbezahlen und sattelte um. Ohne operatives Geschäft aber mit viel Kapital ausgestattet, ersetzte die Geschäftsführung das „Express" durch „Funds" und emittierte zeitgleich den Adams Diversified Equity Fund, einen Aktienfonds, sowie den Adams Natural Resources Fund, einen Rohstofffonds. Beide werden seither intern, also durch ein eigenes Management, verwaltet.

Einen ungünstigeren Zeitpunkt zur Gründung einer Vermögensverwaltung hätte sich das Unternehmen übrigens nicht aussuchen können. Die Umfirmierung erfolgte noch mitten im exzessiven Börsenboom der 1920er Jahre, vermutlich kein unwesentliches Motiv bei der Suche nach einem neuen Betätigungsfeld. Bereits am 24. Oktober 1929 folgte dann der legendäre Schwarze Donnerstag, der den Auftakt zum bis heute massivsten Börsencrash der westlichen Welt und der nachfolgenden Großen Depression bildete. Immerhin verwaltet Adams Funds Ende 1929 insgesamt 72 Millionen US-Dollar, was in heutiger Kaufkraft einer Summe von deutlich über einer Milliarde US-Dollar entspricht.

Bemerkenswert ist schon einmal, dass der Adams Diversified Equity Fund die Große Depression tatsächlich überlebt hat, was keinesfalls selbstverständlich war. Von den 750 Aktienfonds, die 1929 existierten und von denen allein 265 erst in diesem Jahr aufgelegt worden waren, verschwanden im Zuge der Krise über die Hälfte durch Pleite, Auflösung oder Fusion vom Markt. Viele davon hatten im spekulativen Übermut versucht, ihre Rendite durch Aufnahme von reichlich Fremdkapital zu hebeln.

Nicht so der Fonds aus dem Hause Adams, dessen Management seit jeher einen konservativen Anlagestil pflegt, welcher ihm in den kritischen Anfangsjahren vermutlich das Überleben gesichert hat. So ist der Fonds beispielsweise komplett eigenkapitalfinanziert, verzichtet also auf die Aufnahme von Krediten, wie es nicht nur CEFs auch heute noch in gewissen Grenzen gestattet ist. Letztere wurden in den USA übrigens durch den Investment Act of 1940 als Reaktion auf die massenhaften Pleiten stark verschuldeter Aktienfonds während der Großen Depression gezogen. Zudem werden die Mittel des Adams Diversified Equity Fund ausschließlich in Flaggschiffe der US-amerikanischen Wirtschaft investiert, weder spekulative Nebenwerte noch exotische Länder finden darin Platz.

Demensprechend lesen sich die 85 Beteiligungen (Stand: Quartalsbericht September 2018) wie ein Who's who des Börsenbarometers S&P 500, welches die Aktien der 500 größten börsennotierten US-amerikanischen Unternehmen umfasst. Neben der digitalen Avantgarde rund um FANG (Facebook, Apple, Netflix, Google) enthält das Portfolio Traditionsunternehmen wie den Telefongiganten AT&T, die Getränkemultis Coca-Cola und PepsiCo, das Medienschwergewicht Disney und die Pharmariesen Abbott, Merck und Pfizer – um nur einige zu nennen. Im Branchenmix dominiert tatsächlich die Informationstechnologie mit 26 Prozent vor Gesundheit mit 15 und Konsumgüter sowie Finanzen mit jeweils 13 Prozent. Die zehn größten Beteiligungen machen dabei ein knappes Drittel der Vermögenswerte aus.

Diese belaufen sich aktuell auf knapp 1,60 Milliarden US-Dollar beziehungsweise 15,85 US-Dollar pro Anteil, werden an der Börse allerdings nur mit 1,37 Milliarden US-Dollar oder 13,58 US-Dollar pro Anteil bewertet. Der Abschlag des Börsenwerts auf den inneren Wert oder „net asset value" (NAV) beträgt also stolze 14,3 Prozent, für einen US-Dollar Beteiligungen an US-amerikanischen Großkonzernen werden über den Fonds lediglich 85,7 Cent fällig. Wo rührt dieser Abschlag her? Nun dieses Phänomen ist keineswegs auf CEFs beschränkt sondern findet sich überall, wo unterschiedliche Anlagen gebündelt über einen „Börsenmantel" gehandelt werden, so beispielsweise auch bei Beteiligungs- und Holdinggesellschaften oder Real Estate Investment Trusts (REITs). Deren Börsenwert liegt sehr oft, allerdings nicht immer, unterhalb des NAVs. Ein Grund dafür sind natürlich die Kosten für die Verwaltung des Portfolios, die in Abschlag gebracht werden, ebenso der Umstand, dass Anleger selbst keine Kauf- und Verkaufsentscheidungen beeinflussen können. Bei Mischkonzernen ist der Effekt übrigens als Konglomeratsabschlag bekannt.

Konditionen und Besteuerung

Wie bei CEFs üblich fallen auch beim Adams Diversified Equity Fund aus Anlegersicht zwei wesentliche Kostenblöcke an. Einmal die Beschaffungskosten sowie einmal die laufenden (Verwaltungs-)Kosten. Bei Wahl eines günstigen Brokers wie beispielsweise des von mir in diesem Segment favorisierten CapTrader fallen die Beschaffungskosten kaum in Gewicht. Die Order an einer US-Börse schlägt dort gerade einmal mit einem Cent pro Aktie zu Buche, mindestens zwei US-Dollar und höchstens ein Prozent des Handelsvolumens.

An Verwaltungskosten hat der Adams Diversified Equity Fund zuletzt 0,56 Prozent des verwalteten Vermögens pro Jahr in Rechnung gestellt. Das ist für einen CEF relativ moderat und sicherlich auch der Ausrichtung des Fonds geschuldet. Denn im Grund konkurriert der CEF mit Indexfonds auf den in diesem Segment äußerst beliebten S&P 500 – selbst Warren Buffett hat in seinem Aktionärsbrief eine entsprechende Anlagen ausdrücklich empfohlen. Solche Indexfonds, wie beispielsweise der aus dem Hause Vanguard, dessen legendärer Gründer John C. Bogle im Januar 2019 verstarb, berechnen gerade einmal 0,04 Prozent – pro Jahr! Dafür hat sich das Management des Adams Diversified Equity Fund einen besonderen Ansatz einfallen lassen und den CEF speziell an den Bedürfnissen einkommensorientierter Investoren ausgerichtet. „Commitment to an annual distribution rate of at least 6%" lautet das Versprechen den Anlegern gegenüber, also mindestens sechs Prozent Dividendenrendite pro Jahr. Dieser Selbstverpflichtung ist das Fondsmanagement bisher immer nachgekommen, zumindest lässt sich dies anhand des entsprechenden Zahlenmaterials bis ins Jahr 1990 zurückverfolgen. Für das abgelaufene Jahr betrug die Dividendenrendite bezogen auf den aktuellen Kurs sogar über 14 Prozent! Allerdings verteilen sich die Zahlungen anders als bei CEFs gemeinhin üblich.

So tätigt der Adams Diversified Equity Fund vier relativ kleine Quartalsdividenden, ergänzt um eine relativ große Sonderdividende am Jahresende, welche auch realisierte Kapitalgewinne beinhaltet. Diese machten in den letzten Jahren etwa zwei Drittel der Gesamtausschüttungen aus, Zins- und Dividendenzahlungen ein weiteres Drittel. Die Gesamtausschüttungen schwankten in der Vergangenheit zwar von Jahr zu Jahr, gleichwohl immer oberhalb der selbstauferlegten Zielgröße. Der Kurshistorie wiederum sind die großen Einbrüche anzusehen, seit dem Ende der Weltfinanzkrise ging es bis zum jüngsten Dämpfer im zweiten Halbjahr 2018 leicht schwankend kontinuierlich aufwärts.

Steuerrechtlich dürfte der CEF keine Überraschung bergen. Wie bei der Anlageklasse üblich zahlen heimische Anleger gemäß des Doppelbesteuerungsabkommens (DBA) zwischen den USA und Deutschland 15 Prozent Quellensteuer. Diese ist in voller Höhe auf die Abgeltungssteuer anrechenbar. Von der seit Januar 2018 geltenden, neuen Besteuerung von Investmentfonds ist der Adams Diversified Equity Fund ebenso wenig betroffen wie von der Richtlinie MiFID II, da der Titel technisch als Aktien gilt.

Chancen und Risiken

Der Adams Diversified Equity Fund bietet einen repräsentativen Querschnitt über alle börsennotierten US-amerikanischen Großunternehmen mit allen damit einhergehenden Chancen und Risiken. Zumindest der bereits zitierte Warren Buffett sieht hier erstere deutlich überwiegen: „Es war schon immer ein schrecklicher Fehler, gegen die USA zu wetten. Daran hat sich heute nichts geändert." Zumindest seit es belastbares Zahlenmaterial gibt ist es den USA immer wieder gelungen, selbst schwere Krisen erfolgreich zu meistern und sich auf neue Höhen aufzuschwingen.

So ist denn auch der Leitindex des Landes seit dem Jahr 1900 um den Faktor 500 gestiegen. „Amerikas beste Tage liegen noch vor uns", ist sich Buffett sicher. Unabhängig davon sollten sich Anleger bewusst sein, dass sie mit dem CEF ausschließlich in den USA und im US-Dollarraum investiert sind. Eine gewisse globale Streuung ist dennoch gewährleistet, da es sich bei faktisch allen Beteiligungen des Adams Diversified Equity Fund um weltweit aufgestellte Unternehmen handelt, die nur einen Teil ihres Umsatzes im Land der unbegrenzten Möglichkeiten erzielen. Nichts desto trotz sind Einkommensinvestoren gut beraten, ihr Portfolio nach Sektoren wie Ländern noch breiter aufzustellen.

Relativ gut vergleichen lässt sich der Adams Diversified Equity Fund mit einem börsennotierten Indexfonds auf den S&P 500. In diesem Fall habe ich auf den über 400 Milliarden (!) US-Dollar schweren Vanguard S&P 500 ETF zurückgegriffen, der an der New York Stock Exchange Arca (NYSE Arca) über das Kürzel VOO gehandelt wird. Unter der Annahme einer sofortigen Wiederanlage aller Dividenden kommt der CEF über die letzten sieben Jahre auf eine Gesamtrendite von knapp zwölf Prozent pro Jahr (insgesamt 121 Prozent), der ETF auf 13,2 Prozent (insgesamt 140 Prozent).

Zusammenfassung und Stammdaten

Das beeindruckendste am Adams Diversified Equity Fund ist zweifelsfrei seine Historie. „Trusted by investors for generations" ist tatsächlich ein passendes Motto für einen Fonds, der sämtliche Facetten, welche die Börsengeschichte aufzubieten hat, am eigenen Leib spüren durfte. Und soweit erkennbar hat er dem Anspruch, ein zuverlässiger Zahler zu sein, immer Genüge geleistet. Geeignet ist der Fonds ausschließlich für Einkommensinvestoren, die mit dem Titel die Anlageklasse „Standardaktien USA" abdecken möchten, sofern sie denn die asymmetrische Verteilung der Ausschüttungen nicht stört.

Handelbar ist der Adams Diversified Equity Fund über das Kürzel ADX beziehungsweise die Internationale Wertpapierkennnummer US0062121043 an der

19

NYSE, es existiert keine Zweitnotiz an einer heimischen Börse. Aktuell lockt das Papier mit einem verführerisch hohen Abschlag zum inneren Wert und einer ebensolchen Dividendenrendite.

Blogbeitrag

https://nurbaresistwahres.de/cashtest-adams-diversified-equity-fund
vom 22.02.2019

3. Cashtest – Invesco Morningstar US Energy Infrastructure MLP UCITS ETF

Einstieg und Überblick

Als klassische Old-Economy-Hochdividendenwerte erfreuen sich die US-amerikanischen Master Limited Partnerships (MLPs) unter den Einkommensinvestoren dies- wie jenseits des Atlantiks hoher Beliebtheit. Kein Wunder, betreiben sie doch einerseits Produktions- und Verarbeitungsanlagen sowie Lager- und Transportkapazitäten entlang der volkswirtschaftlich unverzichtbaren Energieversorgungskette und sind damit wie kaum eine andere Branche der Realwirtschaft behaftet. Andererseits unterliegen sie seit 1987 einem eigenen Bundesgesetz, welches die Erträge einer MLP unter bestimmten Voraussetzungen steuerfrei stellt. Eine dieser Bedingungen ist, dass der Großteil der Gewinne, üblich sind etwa 90 Prozent, abzüglich Erhaltungs- und Erweiterungsinvestitionen, an die Anleger ausgeschüttet werden.

Ausländische beziehungsweise nicht in den USA veranlagte Investoren kommen allerdings nicht in den vollen Genuss dieses Geldsegens. Jedenfalls nicht direkt. Denn die Ausschüttungen einer MLP müssen US-amerikanische Anleger mit dem individuellen Einkommenssteuersatz versteuern (maximal 39,6 Prozent), der sonst für „qualifizierte Dividenden" anwendbare niedrigere Satz (maximal 23,8 Prozent) kommt hierbei nicht zur Anwendung. Aus dem Grund beträgt die Quellensteuer für ausländische Investoren auch je nach MLP bis zu 35 Prozent. Zwar können sich diese üblicherweise einen Teil der Quellensteuer auf Antrag erstatten lassen, was allerdings erheblichen bürokratischen Aufwand nach sich zieht.

Dieser unerquickliche Umstand lässt sich allerdings mit börsengehandelten Fonds beziehungsweise Exchange Traded Funds (ETFs) umgehen, die selbst wiederum in US-amerikanische MLPs investieren. Nun ist allerdings einer der größten und beliebtesten ETFs des Sektors, der bereits 2017 hier besprochene Alerian MLP ETF, der Richtlinie MiFID II zum Opfer gefallen.

Wie an anderer Stelle dargelegt, kann das Papier nicht mehr bei Banken und Brokern mit Handelszulassung in der Europäischen Union (EU) erworben werden. Nun hat die global aufgestellte Fondsgesellschaft Invesco bereits vor einigen Jahren mit dem Invesco Morningstar US Energy Infrastructure MLP UCITS ETF einen nach allen EU-Regeln konformen ETF kreiert, der exakt diesen Sektor abbildet. Dies ist insofern bemerkenswert, als dass hierzulande eine Schattendasein fristende Wertpapiergattungen kaum als Fonds oder gar kostengünstiger ETF aufgelegt werden – schließlich bemessen sich die erzielbaren Gebühren am verwalteten Fondsvermögen und dieses wiederum hängt von der Nachfrage ab. Vor diesem Hintergrund verdient diese seltene Ausnahme eine genauere Betrachtung.

Historie und Kennzahlen

Tatsächlich handelt es sich beim Emittenten Invesco gewissermaßen um einen alten Bekannten. Mit dem PowerShares CEF Income Composite Portfolio ETF sowie dem PowerShares Preferred Shares ETF habe ich in der Vergangenheit bereits zwei in den USA gelistete Produkte des Anbieters ausführlich vorgestellt. Bei letzterem bewies Invesco übrigens ebenfalls Pioniergeist und legte mit einem europäischen Pendant den ersten börsengehandelten Fonds in Europa auf, „der ein zielgerichtetes Engagement in Preferred Shares ermöglicht". Invesco selbst wurde im Jahr 1935 in Atlanta gegründet und zählt mit einem verwalteten Vermögen von aktuell knapp einer Billionen US-Dollar zu den weltweit größten bankenunabhängigen Vermögensverwaltungen.

Die europäische Produktpalette wird von den Töchtern Invesco UK Services Limited und Invesco Asset Management Deutschland GmbH verwaltet und vertrieben. Derzeit umfasst diese 95 Aktien-, 35 Anleihen- und 8 Rohstoff-ETFs. Darunter befinden sich zahlreiche exotische Fonds wie beispielsweise der Global Buyback Achievers ETF, der MSCI Saudi Arabia UCITS ETF oder der US High Yield Fallen Angels EUR Hedged, welche Indizes auf Unternehmen, die besonders viele eigene Aktien zurückkaufen, den saudi-arabischen Aktienmarkt beziehungsweise herabgestufte Anleihen nachbilden. Der Invesco Morningstar US Energy Infrastructure MLP UCITS ETF gehört mit knapp 500 Millionen US-Dollar Marktkapitalisierung tatsächlich zu den größeren Fonds des Emittenten. Zerlegen wir für die weitere Besprechung den kryptischen Namen vom Ende her in seine Bestandteile.

Als ETF wird der Fonds passiv gemanagt, es findet also keine aktive Wertpapierauswahl durch ein beauftragtes Fondsmanagement statt. Vielmehr erfolgt die Anlage des Fondsvermögens automatisiert und regelgebunden indem ein (Branchen-)Index abgebildet wird. In diesem Fall handelt es sich um den Morningstar MLP Composite Index, auf den ich gleich noch zurückkommen werde. Das vorgeschaltete UCITS steht für „Undertakings for Collective Investments in Transferable Securities", also „Organismus für gemeinsame Anlagen in Wertpapieren" (OGAW) und kennzeichnet einen ETF als konform mit der OGAW-Richtlinie, auf die ich bereits in einem früheren Blogbeitrag ausführlich eingegangen bin. Dies bedeutet im Umkehrschluss auch, dass er keinerlei Handelseinschränkungen wie beispielsweise MiFID II unterliegt und problemlos über jeden in der EU aktiven Broker bezogen werden kann, sofern dieser die entsprechenden Börsen bedient.

Vermutlich um die zahlreichen Abkürzungen an das Ende zu schieben wurde dem MLP noch die Erläuterung vorangestellt, dass diese Investitionen in die US-amerikanische Energieinfrastruktur zum Gegenstand haben. Wie genau setzt sich nun das Portfolio beziehungsweise der hierfür maßgebliche MLP Composite Index zusammen? Berechnet und herausgegeben wird er zusammen mit hunderten weiteren Indizes von Morningstar, einem weltweit tätigen Finanzinformationsdienst.

Der Morningstar MLP Composite Index deckt gemessen an der Marktkapitalisierung etwa 97 Prozent und damit de facto den gesamten MLP-Sektor ab. In den Index aufgenommen werden hierzu sämtliche an der New York Stock Exchange (NYSE) und der NASDAQ gelisteten MLPs, sofern sich der Hauptsitz des Unternehmens in den Vereinigten Staaten befindet (es gibt auch einige weniges MLPs außerhalb der USA) und die Marktkapitalisierung der MLP oberhalb von 500 Millionen US-Dollar liegt. Derzeit sind das 27 Unternehmen, deren Gewichtung nach der jährlichen Gesamtausschüttungssumme erfolgt. Aktualisiert werden Index wie ETF zweimal im Jahr, jeweils am dritten Freitag im Juni und Dezember, wobei zum Zeitpunkt der Aktualisierung der Anteil eines Einzeltitels am verwalteten Vermögen auf maximal zehn Prozent beschränkt ist. Zurzeit machen die vier größten Positionen gut 40 Prozent des Portfolios aus. Hierbei handelt es sich um folgende Titel mit einer Marktkapitalisierung von zusammen über 130 Milliarden US-Dollar:

- Enterprise Products Partners LP
- Energy Transfer LP
- Magellan Midstream Partners LP
- MPLX LP Partnership Units

Das Domizil des Invesco Morningstar US Energy Infrastructure MLP UCITS ETF ist Irland, dennoch ist die Rechenwährung des Fonds der US-Dollar, ausgeschüttet wird in guter US-amerikanischer Tradition quartalsweise, und zwar jeweils Ende März, Juni, Oktober und Dezember. Im Jahr 2018 lagen die Ausschüttungen zwischen 1,16 US-Dollar und 1,04 US-Dollar, insgesamt summierten sie sich auf 4,45 US-Dollar (3,89 Euro). Das entspricht beim aktuell um 52,00 US-Dollar (45,50 Euro) schwankenden Kurs je ETF-Anteil einer annualisierten Dividendenrendite von knapp 8,6 Prozent.

Konditionen und Besteuerung

Geordert werden kann der Invesco Morningstar US Energy Infrastructure MLP UCITS ETF an der London Stock Exchange (LSE), der Bolsa Italiana in Mailand, der SIX Swiss Exchange mit Sitz in Zürich sowie über das Xetra-System der Deutschen Börse. Je nach Broker und Handelsplatz bewegen sich die Spesen im sehr überschaubaren Rahmen. Dafür, dass der Nettoinventarwert („net asset value", NAV) des ETFs kaum vom Kurswert abweicht, der Fonds also tatsächlich am Index „klebt" und zudem jederzeit handelbar ist, sorgt ein „umfassendes Netzwerk an Handelsfirmen. Diese sind bestrebt, während der Handelszeiten laufend An- und Verkaufskurse zu stellen. Das umfassende Spektrum an ‚Market Makern' erzeugt Liquidität für alle Invesco Produkte. [...] Der so erzeugte Wettbewerb führt zu geringeren Unterschieden zwischen An- und Verkaufskursen, auch bekannt als ‚Bid-Offer Spreads'."

Die jährliche Managementgebühr beläuft sich auf 0,5 Prozent des Fondsvermögens. Das ist niedriger als beispielsweise beim entsprechenden Pendant des Anbieters Alerian, der 0,85 Prozent erhebt, sowie deutlich geringer als bei zahlreichen aktiv gemanagten Fonds der Vergleichsklasse. Hinzu kommt allerdings noch eine Swapgebühr in Höhe von 0,75 Prozent pro Jahr, an der sich Puristen nicht nur der Höhe nach reiben können. Was hat es damit auf sich?

Nun, der Invesco Morningstar US Energy Infrastructure MLP UCITS ETF ist ein sogenannter synthetischer und kein physischer ETF. Ein physischer oder vollreplizierender ETF bildet den zugrunde liegenden Index exakt eins zu eins nach, das heißt im Portfolio des ETFs befinden sich die im Index enthaltenen Wertpapiere in der entsprechenden Gewichtung. Ein synthetischer ETF hält hingegen meist Wertpapiere, die überhaupt nichts mit dem jeweiligen Index zu tun haben. Die zwangsläufige Differenz zur Indexentwicklung wird über einen sogenannten Swap mit einem Tauschpartner, meist einem Finanzinstitut, sichergestellt. Entwickelt sich das Portfolio des ETF besser als der Index, tritt der ETF die Überrendite an den Swap-Partner ab, entwickelt es sich schlechter als der Index, zahlt der Swap-Partner dem ETF den Fehlbetrag. Genau für diese Absicherung der Werteentwicklung zahlt ihm der ETF eine Gebühr.

Wie sieht das im Fall des Invesco Morningstar US Energy Infrastructure MLP UCITS ETF aus? Nun, im Portfolio des Fonds befindet sich keine einzige MLP, sondern eine Melange internationaler Standardaktien. Die USA dominieren mit gut 60 Prozent, auf den Plätzen folgen Deutschland, die Niederland und Kanada.

Bei den Sektoren sind die Informationstechnologie, Gesundheit und Konsumgüter überproportional stark vertreten. Dieser Aktienkorb dient als Sicherheit für die Anteilseigner am ETF, die Differenz zum Morningstar MLP Composite Index wird über Swaps mit mehreren Großbanken sichergestellt.

Warum aber dieser Aufwand? Wieso bildet der Invesco Morningstar US Energy Infrastructure MLP UCITS ETF den Index nicht physisch nach, ganz so wie der Alerian MLP ETF? Nun, zum einen lässt sich mit Swapvereinbarungen ein Index in der Regel einfacher und präziser nachbilden, zum anderen lassen sich bestimmte Indizes in bestimmten Ländern nur über Swaps darstellen. Letzteres ist zum Beispiel bei Handelsbeschränkungen oder, wie bei MLPs, aufgrund steuerrechtlicher Restriktionen der Fall. Würde der Fonds den Index tatsächlich physisch replizieren, wäre er mit der eingangs erwähnten Steuerproblematik konfrontiert. Mit einem Swap lässt sich diese für europäische Investoren elegant umschiffen.

Apropos Steuer. Für in Deutschland veranlagte Investoren fällt tatsächlich mangels Doppelbesteuerungsabkommen (DBA) keine Quellensteuer an, somit entfällt auch eine etwaige Anrechnung auf die Abgeltungssteuer. Dafür greift beim Invesco Morningstar US Energy Infrastructure MLP UCITS ETF die zum 01. Januar 2018 in Kraft getretene Reform der Investmentfondsbesteuerung. Zu deren Anwendung verweise ich auf den ausführlichen Blogbeitrag einschließlich Rechenbeispielen beim geschätzten Finanzwesir.

Chancen und Risiken

Der Invesco Morningstar US Energy Infrastructure MLP UCITS ETF ist via Swaps ausschließlich in MLPs mit Unternehmenssitz und operativem Geschäft in den USA investiert. Damit werden natürlich auch sämtliche Umsätze, Gewinne und Dividenden in US-Dollar erzielt beziehungsweise ausgezahlt. Vor diesem Hintergrund ist es auch nur konsequent, dass der US-Dollar als Basis- oder Rechenwährung des ETFs dient. Hieraus erwachsen heimischen Anleger Chancen und Risiken gleichermaßen.

Hieran ändert auch die Tatsache nichts, dass der ETF an deutschen Börsenplätzen in Euro gehandelt wird. Denn selbstverständlich werden die Wechselkursschwankungen zum US-Dollar im Kurs eingepreist. Der Konzentration der Investitionen in einer Region (USA) und einer Branche (MLPs) steht zumindest eine breite Streuung innerhalb des Sektors entgegen. Damit entfällt wenigstens das Einzelwertrisiko. Zudem handelt es sich bei den Beteiligungen um reife, multimilliardenschwere Unternehmen, deren Produkte und Dienstleistungen sich zumindest mittelfristig nicht ersetzen lassen. Andererseits haben zahlreiche MLPs ihr Geschäftsmodell auf Basis der Energieträger Öl und Gas aufgebaut. Und zumindest beim Öl kann eine langfristig positive Prognose bezweifelt werden.

Ferner sind Anleger nicht nur dem US-Dollar und der volkswirtschaftlichen Entwicklung der Vereinigten Staaten in Gänze ausgesetzt, sondern auch deren Gesetzgeber. Das beinhaltet zweifellos ein politisches Risiko, zumal die Energieinfrastruktur ein regulierungsintensives Terrain darstellt – die MLP ist ja selbst Ausfluss desselben. Schlagend wurde dieses Risiko zuletzt ironischerweise mit der Ende 2017 verabschiedeten US-amerikanischen Steuerreform. Die Senkung der Unternehmenssteuern von 36 auf 21 Prozent führte 2018 dazu, dass die eingangs erwähnte Kombination aus Steuerfreiheit auf Unternehmens- und individueller Besteuerung auf Anlegerebene an Attraktivität verlor. Tatsächlich wechselten mehrere MLPs ihre Rechtsform und firmieren seither als „normale" Aktiengesellschaften.

Im Fall des hier vorgestellten Titels verbleibt zudem noch ein spezielles Risiko durch die Einbeziehung eines Swap-Partners. Dieses sogenannte Kontrahentenrisiko resultiert aus der Möglichkeit, dass dieser Partner seinen Zahlungsverpflichtungen nicht nachkommen kann, so zum Beispiel im Fall einer Insolvenz. Liegt in so einer Situation der Wert der ETF-Portfolios unter dem des Index, erleiden die Anleger einen Verlust. Das sehr unwahrscheinliche aber nicht auszuschließende Kontrahentenrisiko ist gemäß OGAW-Richtlinie auf zehn Prozent des Nettoinventarwerts beschränkt. Steigt die Differenz über diese Marke, muss sie umgehend ausgeglichen werden. Und zumindest bisher ist kein einziger Fall bekannt, bei dem ETF-Investoren aufgrund eines eingetretenen Kontrahentenrisikos Verluste erleiden mussten.

Zusammenfassung und Stammdaten

Für europäische Einkommensinvestoren, die preiswert und breit gestreut in MLPs investieren möchten und dafür auf MiFID-II-konforme Finanzprodukte zurückgreifen müssen oder wollen, führt am Invesco Morningstar US Energy Infrastructure MLP UCITS ETF kein Weg vorbei. Aber Achtung, Invesco hat den Fonds gleich doppelt aufgelegt. Einmal in einer thesaurierenden Variante, bei der die Ausschüttungen automatisch reinvestiert werden (Namenszusatz: Acc) und einmal als ausschüttende Variante (Namenszusatz: Dist) mit den bereits erwähnten vier Dividendenterminen im Jahr.

Zumindest über die letzten sechs Jahre schwankte die Dividende zwischen 1,00 und 1,75 US-Dollar in Abhängigkeit der Preise für Energierohstoffe, in Summe konnten Anleger knapp 30,00 US-Dollar je Anteil oder knapp 60 Prozent des aktuellen Kurses vor Steuern in dieser Zeit vereinnahmen. Gleiches gilt für den Kurs des ETFs, der zwar in der Weltfinanzkrise weniger in die Knie ging als die marktbreiten Indizes, dafür aber den Rohstoffpreisverfall zwischen 2014 und 2016 voll zu spüren bekam. Seit dem Frühjahr 2016 ging es mit dem Kurs zunächst wieder mäßig bergauf, seit dem Frühjahr 2017 stagniert dieser. Der bisherige Kursverlauf belegt zudem, dass MLPs nur schwach mit gängigen Anlageklassen wie beispielsweise Standardaktien korrelieren. Ein Vorteil von MLPs ist hierbei sicher auch der „Burggraben", der ihre Anlagen umgibt – kaum ein potenzieller Wettbewerber würde beispielsweise neben eine bestehende eine weitere Pipeline bauen.

Handelbar ist der Invesco Morningstar US Energy Infrastructure MLP UCITS ETF an den zuvor genannten Börsen, wobei die Handelsplattform Xetra die höchste Liquidität, also Kauf- und Verkaufsvolumen aufweist. Die entsprechende

Wertpapierkennnummer (WKN) für die ausschüttende Variante lautet A119M4, die International Securities Identification Number (ISIN) DE000A119M42.

PS: Weitere Informationen zu MLPs finden sich in Kapitel 5 meines Buchs „Bargeld statt Buchgewinn". Ferner stellt die „MLP University" des Finanzdienstleisters Alerian umfangreiche Informationen zur Anlageklasse kostenlos in englischer Sprache zur Verfügung.

Blogbeitrag

https://nurbaresistwahres.de/cashtest-invesco-morningstar-us-energy-infrastructure-mlp-ucits-etf

vom 08.03.2019

4. Cashtest – Diversified Royalty Corporation

Einstieg und Überblick

Unter den vielfältigen Instrumenten im Bereich der Hochdividendenwerte, die ich ausführlich in meinem Buch „Bargeld statt Buchgewinn" als auch summarisch im Gratiskurs bespreche, nehmen Royalty Trusts gleich in zweifacher Hinsicht eine Sonderstellung ein. Zum einen „unternehmen" diese überwiegend in Kanada und den Vereinigten Staaten heimischen Gesellschaften im eigentlichen Sinn des Wortes kaum etwas. Zumindest was das operative Geschäft angeht, welches sich meist auf die Verwertung von Nutzungsrechten wie beispielsweise Lizenzen, Patente oder Konzessionen beschränkt. Dies schließt die Weiterleitung der vereinnahmten Gebühren an die Investoren mit ein.

Die zweite Besonderheit ist die Konzentration auf Rohstoffe und Systemgastronomie in dieser ohnehin übersichtlichen Wertpapiernische. So stammen die Erträge von Rohstoff-Trusts überwiegend aus der Nutzungsüberlassung von Bergwerken, Gasquellen und Ölfeldern, die vor allem in Kanada anzutreffenden Gastronomie-Trusts verwalten dagegen die Nutzungsrechte von Franchiseketten, siehe hierzu beispielsweise die Besprechung des Boston Pizza Royalties Income Fund. Umso erfreuter war ich daher, als kürzlich ein Mitglied unserer geschlossenen Facebook-Gruppe „Einkommensinvestoren" ein mir zuvor unbekanntes Unternehmen aus diesem Segment ansprach. Die ausführliche Vorstellung der Diversified Royalty Corporation möchte ich nunmehr an dieser Stelle nachholen.

Historie und Kennzahlen

Tatsächlich handelt es sich bei der Diversified Royalty Corporation mit Sitz in Vancouver, Kanada, um ein ganz gewöhnliches, börsennotiertes Unternehmen und keinen Trust. Das lässt sich unmittelbar am letzten Namensbestandteil der Gesellschaft „corporation" ablesen, was im angelsächsischen Sprachraum ebenso wie „Inc." beziehungsweise „Incorporated" für „Aktiengesellschaft" steht.

Hervorgegangen ist sie aus der im Jahr 1991 gegründeten Bennett Environmental Inc., einer kanadischen Fachfirma für Erdreichsanierungen. Ursprünglich auf die Beseitigung von Chlorkohlenwasserstoffen, Dioxin und Furan spezialisiert, wurde das operative Geschäft im Jahr 2013 veräußert. Der verbliebene Rumpf wurde zunächst in BENEV Capital Inc. und später in Diversified Royalty Corporation umbenannt und als Beteiligungsholding neu positioniert. Dazu wurde der Verkaufserlös ab 2015 zum Aufbau eines Royalty-Portfolios verwendet.

Aktuell umfasst es die Verwertungsrechte an drei verschiedenen Schutzmarken:

- Sutton (erworben 2015) ist Kanadas führendes Frachisesystem für Wohnimmobilienmakler und wird derzeit von etwa 8.000 Vermittlern und über 200 Niederlassungen genutzt, die pro Jahr Objekte im Wert von etwa 20 Milliarden kanadischen Dollar vermitteln.

- Mr. Lube (erworben 2015) ist ebenfalls ein Frachisesystem und mit 170 über das ganze Land verteilte Autowerkstätten mit zuletzt gut 200 Millionen kanadischen Dollar Umsatz der kanadische Markführer in diesem Segment.

- Air Miles (erworben 2017) wiederum ist mit über 200 namhaften Partnern Kanadas größtes Kundenbindungsprogramm und mit der in Deutschland verbreiteten Payback Karte vergleichbar – tatsächlich nehmen zwei Drittel der kanadischen Haushalte am Air-Miles-Programm teil.

Die Rechte an den drei etablierten Marken werden wie bei Franchisesystemen üblich gegen eine Nutzungsgebühr, englisch „royalty", in Form einer Umsatzbeteiligung gewährt. Hinzu kommen noch bestimmte Auflagen und Pflichten, denen Franchisenehmer nachkommen müssen, um beispielsweise bestimmte Markenstandards aufrecht zu erhalten. Umgekehrt gewährt der Franchisegeber in der Regel Fachexpertise, Gebietsschutz und Unterstützungsleistungen.

Derzeit steuert Mr. Lube etwa 56 Prozent der Lizenzeinnahmen der Diversified Royalty Corporation bei, der Anteil von Air Miles beträgt 30 Prozent während sich der Beitrag von Sutton auf circa 14 Prozent beläuft. Alle drei Markenrechte sind dabei in jeweils eine eigene Gesellschaft beziehungsweise eine sogenannte Royalty Limited Partnership ausgegliedert und damit theoretisch voneinander unabhängig handelbar.

Vor der Neuausrichtung des Geschäftsmodells bewegte sich der Kurs der Diversified Royalty Corporation respektive Bennett Environmental Inc. zwischen himmelhoch jauchzend und zu Tode betrübt. Im Dotcom-Boom Anfang des 21. Jahrhunderts auf knapp dreißig kanadische Dollar hochkatapultiert, implodierte er im Zuge der Weltfinanzkrise regelrecht und markierte bei 0,08 (!) kanadischen Dollar ein Minimum. Es mag sein, dass diese ausgeprägte Berg- und Talfahrt mitentscheidend für den Verkauf der Reinigungs- und Sanierungssparte war. Dieser wurde nach der dem Tal der Tränen folgenden Kurserholung dann auch vollzogen.

Seither stieg der Kurs unter mäßigen Schwankungen von etwa 1,80 auf aktuell 3,12 kanadische Dollar. Das entspricht einer Marktkapitalisierung von gut 330 Millionen kanadischen Dollar. Wie bei einem klassischen Royalty Trust üblich, schüttet auch die Diversified Royalty Corporation die vereinnahmten Lizenzgebühren größtenteils an die Anteilseigner aus. Die Dividende wird monatlich ausgezahlt und wurde über die letzten vier Jahre von 0,01667 aus 0,01854 kanadische Dollar pro Anteil leicht angehoben. Das entspricht auf den aktuellen Kurs und ein Jahr hochgerechnet einer Ausschüttungsrendite von 7,15 Prozent.

Allerdings konnten die Dividenden zuletzt nicht vollständig aus dem laufenden Geschäft gegenfinanziert werden. Hierzu beigetragen haben zum einen erhebliche Investitionen im Jahr 2017 sowie ein teurer, noch vor der Umfirmierung begonnener Rechtsstreit, der nach genau einer Dekade im Jahr 2018 mit einem Vergleich ohne Anerkennung einer Rechtspflicht abgeschlossen werden konnte.

Ausweislich des jüngsten Jahresabschlusses beläuft sich die Bilanzsumme der Diversified Royalty Corporation auf 318 Millionen kanadische Dollar. Diese sind mit einem langlaufenden Bankdarlehen in Höhe von 65 Millionen kanadischen Dollar sowie einer Wandelanleihe im Volumen von knapp 52 Millionen kanadischen Dollar fremdfinanziert, was einer Eigenkapitalquote von soliden 64 Prozent entspricht. Das ist auch nötig, da die Gesellschaft in den kommenden Jahren die Ausweitung des Portfolios plant.

Konditionen und Besteuerung

Gehandelt wird die Diversified Royalty Corporation an der Toronto Stock Exchange (TSE). Darüber hinaus verfügt das Unternehmen über eine Zweitnotiz an der Frankfurter Wertpapierbörse (FRA). Letzteres ist insofern von Bedeutung, als dass nicht jeder heimische Broker an die TSE angebunden ist. So denn möglich empfehle ich aufgrund der höheren Liquidität und damit besseren Handelbarkeit eine Order an der kanadischen Heimatbörse. Egal ob nun Toronto oder Frankfurt, Investoren sollten sowohl Kauf- als auch Verkaufsaufträge limitieren, um unliebsame Überraschungen zu vermeiden.

Grundsätzlich sollte der Titel für jeden Anleger mit Wohnsitz in der EU problemlos handelbar sein, da die Diversified Royalty Corporation als „normale" Aktie nicht unter die MiFID-II-Richtlinie fällt. Gleiches gilt für die ebenfalls noch relativ junge Novellierung der Investmentfondsbesteuerung, welche aufgrund des Status des Wertpapiers ebenfalls nicht greift. Besonders günstig kann das Papier an der TSE über die Interactive-Brokers-Ableger CapTrader und LYNX Broker gehandelt werden, wo gerade einmal 1 Cent pro Aktie beziehungsweise ein Minimum von einem kanadischen Dollar pro Order fällig wird.

Auch wenn die Diversified Royalty Corporation als Unternehmen und nicht als Investmentfonds firmiert, ist ein Blick auf die Gebühren beziehungsweise Verwaltungskosten interessant. In Summe kommt die Gesellschaft mit einer kleinen Belegschaft aus, das Management-Team selbst umfasst gerade einmal drei Personen. Die Gesamtkosten des Geschäftsbetriebs werden im Jahresabschluss für 2018 mit etwas über vier Millionen kanadische Dollar angegeben. Das entspricht einer Kostenquote von 1,2 Prozent bezogen auf die aktuelle Marktkapitalisierung. Bleibt noch das Thema Quellensteuer. Und das wird, wie bei kanadischen Titeln leider üblich, je nach Depotbank unterschiedlich gehandhabt. Insbesondere europäische Institute tendieren dazu, 25 Prozent Quellensteuer abzuführen, amerikanische Broker beschränken hingegen meist auf 15 Prozent. Letzteres gilt beispielsweise auch für CapTrader und LYNX Broker, deren „Mutterhaus" Interactive Brokers ein US-amerikanisches Unternehmen ist. So oder so können bei Dividendenzahlungen gemäß dem Doppelbesteuerungsabkommen (DBA) zwischen Deutschland und Kanada maximal 15 Prozent Quellensteuern auf die heimische Abgeltungssteuer angerechnet werden.

Zuviel gezahlte Quellensteuer, also im Fall der Fälle die zehn Prozent Differenz zwischen der gezahlten und anrechenbaren Quellensteuer, wird zwar auf Antrag durch den kanadischen Fiskus zurückerstattet. Allerdings ist das Procedere zeitaufwändig und zieht je nach Bank Kosten für gesonderte Bescheinigungen nach sich. Aus genau diesem Grund würde ich bei Interesse den Titel ausschließlich bei einer quellensteuerfreundlichen Depotbank halten. Hinweis: Eine kanadische „Corporation" wird (quellen-)steuerrechtlich anders behandelt als ein kanadischer „Trust", vergleiche beispielsweise die Ausführungen zum Boston Pizza Royalties Income Fund.

Übrigens ist auch die Wandelanleihe der Diversified Royalty Corporation börsennotiert, allerdings ausschließlich an der TSE. Ausgestattet ist das Papier mit einem Coupon von 5,25 Prozent, Zinszahlungen werden halbjährlich vorgenommen. Emittiert wurde die Wandelanleihe im Oktober 2017, fällig wird das Papier Ende Dezember 2022. Ab dem 01. Juni 2021 ist es zudem jederzeit durch die Diversified Royalty Corporation kündbar. Der Wandelpreis („conversion price") beträgt 4,55 kanadische Dollar, der Kurs muss also noch um etwa 50 Prozent steigen, damit sich der Bezug der Aktie via Wandelanleihe lohnt. Aktuell notiert sie auf dem Niveau des Ausgabepreises.

Chancen und Risiken

Die Diversified Royalty Corporation ist meines Wissens das einzige Wertpapier, über das Anleger in ein diversifiziertes Royalty-Portfolio investieren können. Damit wird das Einzelwertrisiko, welchem auch ein einzelnes Nutzungsrecht unterliegt, reduziert, was grundsätzlich im Sinne eines Einkommensinvestors liegt. Die Risikominderung hält sich im vorliegenden Fall allerdings in Grenzen, da sich die Einnahmen des Unternehmens auf bisher lediglich drei Beteiligungen stützt, wozu die zahlungskräftigste auch noch über die Hälfte beisteuert.

Als positiv zu bewerten ist hingegen die bisher realisierte Investitionsbreite, die starke Marken beziehungsweise Franchisesysteme ganz unterschiedlicher Branchen jenseits der relativ weit verbreiteten Rohstoff- und Gastronomie-Trusts umfasst. Gleichzeitig führt die Konzentration auf kanadische Marken zu einem Währungs- und Länderrisiko. Einerseits sind Anleger also gewissermaßen den Umsatzschwankungen im kanadischen Autoreparatur-, Einzelhandels- und Immobiliensektor ausgesetzt. Gerade letzterer weist übrigens deutliche Überhitzungserscheinungen für kanadische Metropolen auf, sofern Anleger dem UBS Global Real Estate Bubble Index folgen wollen.

Andererseits ist der 1871 eingeführte kanadische Dollar gerade für Anleger mit Wohnsitz in einem Land des Eurosystems eine durchaus attraktive Währung ohne die Geburtswehen der heimischen Gemeinschaftswährung. Zudem ist Kanada bisher von schweren Währungskrisen oder gar Währungsreformen verschont geblieben. Die vergangenen zehn Jahre schwankte der Wechselkurs übrigens zwischen 1,20 und 1,60 kanadische Dollar je Euro.

Fazit: Die Diversified Royalty Corporation ist ein noch im Aufbau befindliches Unternehmen. Der Zukauf weiterer Markenrechte ist in Planung, wobei als Zielregion der gesamte nordamerikanische Kontinent anvisiert wird. Finanziert werden kann das Wachstum über Eigenkapital beziehungsweise eine Kapitalerhöhung, ebenso dürfte dem Unternehmen aber auch die Aufnahme weiteren Fremdkapitals problemlos möglich sein. Die solide bilanzielle Basis sollte es hergeben. Von dieser Entwicklung wird auch maßgeblich abhängen, ob die Dividenden in Zukunft auch tatsächlich verdient werden können. Ein (Liquiditäts-)Nachteil hierbei ist die Rechtsform der Aktiengesellschaft, welche nicht die steuerlichen Vorteile eines Trusts auf Unternehmensebene genießt. Eine Umfirmierung würde ihren steuerrechtlichen Zweck allerdings erst bei Ausweitung des Geschäfts auf das Ausland erfüllen.

Zusammenfassung und Stammdaten

Unter den ohnehin speziellen Royalty Trusts nimmt die Diversified Royalty Corporation eine exponierte Stellung ein. Als einziges Unternehmen seiner Art ermöglicht es einen breit angelegten Zugang zum Sektor und repräsentiert als Holding in Abgrenzung zu den sonst üblichen Einzelwerten eine Sammelanlage.

Allerdings liefert die noch junge Unternehmensgeschichte als Markenrechteverwerterin und der noch nicht abgeschlossene Ausbau der Geschäftsaktivitäten vergleichsweise wenig Erfahrungswerte, wie sich die Gesellschaft in verschiedenen Szenarien schlagen könnte. Die letzten vier Jahre waren eine ausgesprochene Boomphase, die Reifeprüfung im Crash steht noch aus. Das gilt auch für die Kontinuität der Dividendenhistorie.

Für abwartende oder defensiv orientierte Anleger bietet sich eine Investition in die Wandelanleihe der Diversified Royalty Corporation an. Angesichts der soliden Bilanzkennzahlen und des zuverlässigen Zahlungsstroms scheinen Zins und Tilgung relativ sicher. Zudem müssen die Fremdkapitalgeber stets vor den Eigenkapitalgebern bedient werden, so dass die Dividenden bei Bedarf als Liquiditätspuffer ausgesetzt werden könnten. Dafür ist der Coupon mit über fünf Prozent ordentlich bemessen. Sollte hingegen das Management in den nächsten Jahren reüssieren, winken bei Ausübung der Wandlungsoption zudem erhebliche Kursgewinne. In Summe also eine interessante Wette auf festem Fundament. Handelbar ist die Wandelanleihe an der TSE über das Kürzel DIV.DB.

Wer hingegen gleich das Original erwerben möchte, kann die Diversified Royalty Corporation einerseits an der TSE über das Kürzel DIV oder aber an der FRA über die Wertpapierkennnummer A12C65 erwerben. Die ISIN der Aktie lautet CA2553311002. Wie bereits erwähnt empfehle ich nach Möglichkeit die Order an der kanadischen Heimatbörse der Gesellschaft.

Blogbeitrag

https://nurbaresistwahres.de/cashtest-diversified-royalty-corporation
vom 05.04.2019

5. Cashtest – High Liner Foods

Einstieg und Überblick

Vor genau sieben Wochen habe ich an dieser Stelle zuletzt ein Wertpapier besprochen, exakt ein halbes Jahr ist sogar die Vorstellung eines Einzeltitels her.
Zeit also, beides zu ändern. Zu diesem Zweck habe ich mir einen ganz besonderen Titel aus dem Spektrum der Hochdividendentitel herausgesucht, einen kanadischen Nebenwert, der in einer langweiligen, wenngleich lukrativen Handelsni-
sche tätig ist und dieses Jahr das 120. Firmenjubiläum feiern darf.

Die operative Geschäftätigkeit trägt High Liner Foods im Namen, der unmittelbar vor dem Unternehmenssitz brandende Atlantik liefert die Handelsware:
Fisch und Meeresfrüchte. Knapp 40 Millionen Kilogramm davon lieferte High
Liner Foods tiefgefroren unter verschiedenen Markennamen an Einzelhandelsun-
ternehmen und Gastronomiebetriebe in Nord- und Mittelamerika aus. Im Gegensatz zur durchaus turbulenten Kurshistorie war auf einen Punkt seit 2003 stets
Verlass, nämlich die kontinuierlich angehobene Dividende. Genau die steht jetzt
aber auf der Kippe. Ob Hochdividenden-Aristokrat oder Schwarzer-Schwan-
Opfer, das ist die Frage, der ich nachgehen möchte!

Historie und Kennzahlen

Gegründet wurde High Liner Foods als W. C. Smith & Company am 12. Dezember 1899 in Lunenburg an der offenen Atlantikküste der kanadischen Provinz
Nova Scotia. Noch heute befindet sich die Unternehmenszentrale in der idylli-
schen Kleinstadt, die nicht nur namentlich von deutschen Auswanderern geprägt
wurde. Namensgeber des Unternehmens waren die fünf Brüder Benjamin Con-
rad, George Abraham, William Charles, James Leander und Lewis H. Smith, die
zunächst über ein Vierteljahrhundert lang mit gesalzenem Fisch handelten.

Im Jahr 1926, als die fortschreitende Kältetechnik eine alternative Methode der Lebensmittelkonservierung erlaubte, gründete das Brüdergespann eine weitere Firma namens Sea Products Limited für den Handel mit gekühltem Fisch, der bereits unter dem Markennamen „High Liner" vertrieben wurde. Zwölf Jahre später wurden beide Unternehmen fusioniert. Die nächsten Jahrzehnte folgten weitere Käufe von und Fusionen mit Fischfang- und Fischverarbeitungsunternehmen.

Der Börsengang des Konglomerats erfolgte bereits im Jahr 1967, im Jahr 1998 wurde das Unternehmen in High Liner Foods umbenannt. Fünf Jahre später trennte sich die Gesellschaft von sämtlichen Schiffen und damit Fischfangaktivitäten einschließlich Fangquoten und konzentriert sich seither ausschließlich auf den Handel mit Fisch und Meeresfrüchten. Diesen Schritt begründete der damalige Vorstandsvorsitzende Henry Demone übrigens wie folgt: „The whole industry has changed. If you go back 20 years we had huge quotas of as much as 350 million pounds of fish. You could find out what the customer wanted and send the fleet out to catch that. [...] Today, the customers are much larger and locally the fishery is much smaller so the idea that being vertically integrated is an advantage – forget it."

Derzeit fährt High Liner Foods eine Multikanal- und Multimarkenstrategie. Zum einen werden die großen Lebensmitteleinzelhändler in den USA, Kanada und Mexiko beliefert. Bekannte Marken sind „Fischer Boy", „Sea Cuisine", „C. Wirthy" und natürlich „High Liner". Letztere führt im Logo übrigens einen Seebären, der glatt als Zwillingsbruder von Käpt'n Iglo durchgeht, auch wenn er jüngst aufgefrischt wurde. Daneben beliefert das Traditionsunternehmen die Gastronomie mit Produkten der Handelsmarken „Mirabel", Icelandic Seafood", „FPI" und „High Liner Foodservice".

Aktuell beschäftigt High Liner Foods 1.223 Angestellte an drei Produktionsstandorten, drei Distributionszentren und vier Handelsbüros. Den Fisch bezieht das Unternehmen aus Kanada, den USA, Chile, Island, Norwegen, Russland, Indien,

China, Japan, Indonesien, Thailand und Vietnam. Bezogen auf den Verkaufserlös entfallen knapp 28 Prozent auf Garnelen, 27 Prozent auf Kabeljau, 14 Prozent auf Lachs und 11 Prozent auf Schellfisch beziehungsweise Rotbarsch. Der Rest entfällt auf Alaska-Seelachs (korrekte Bezeichnung: Köhler), Tilapia und Seezunge. Insgesamt über 140 Millionen Kilogramm hat High Liner Foods im Jahre 2018 verkauft. Damit erzielte das Unternehmen gut eine Milliarde kanadischer Dollar Umsatz sowie einen operativen Gewinn in Höhe von 62,5 Millionen kanadischen Dollar. In den Jahresüberschuss ließen sich davon knapp 17 Millionen kanadische Dollar überführen.

Soviel zum operativen Geschäft des Unternehmens. Ob es sich bei einer Investition in High Liner Foods um eine ethisch-ökologische Geldanlage handelt, darüber ließe sich in einschlägigen Kreisen sicherlich trefflich streiten. Immerhin könnte mit dem Fang und der Verarbeitung von Fischen die Nachfrage nach Fleisch von Warmblütern reduziert werden, was ja wiederum dazu beitragen soll, die langfristige globale Durchschnittstemperatur zu stabilisieren und damit Welt zu retten. Verlassen wir daher schnell das verminte Terrain und gehen lieber zu den schnöden Kennzahlen über – wen dieser Aspekt interessiert, den verweise ich auf einen früheren Blogbeitrag zum Thema.

Die Marktkapitalisierung von High Liner Foods schwankt derzeit um die 300 Millionen kanadische Dollar, unterlag aber zumindest in den letzten zwanzig Jahren starken Schwankungen. Stand der Kurs der Aktie im Mai 1999 bei drei kanadischen Dollar, fiel er im Zuge der Dotcom-Krise auf 1,60 kanadische Dollar, um dann bis zum Ausbruch der Weltfinanzkrise auf über 5,10 kanadische Dollar zu steigen. Es folgte ein Absturz auf ziemlich genau den Kurs vom Mai 1999, bevor es dann ab 2010 einschließlich eines tiefen Durchhängers bis November 2016 steil auf deutlich über 17 kanadische Dollar hochging. Offensichtlich zu hoch, denn es folgte ein kontinuierlicher Fall auf heute knapp unter neun kanadische Dollar.

Diesen für einen Nebenwert (englisch „midcap stock") nicht unüblichen Kurs-kapriolen konnte das Unternehmen eine seltene Konstante entgegensetzen. Mit Beginn der Dividendenhistorie im Jahr 2003 musste High Liner Foods die Aus-schüttungen nie aussetzen oder kürzen. Im Gegenteil. Die insgesamt 62 Quartals-zahlungen der Serie beinhalten 15 Erhöhungen. Das entspricht etwa 25 Prozent der Fälle beziehungsweise knapp einer Erhöhung pro Jahr. Damit erfüllt der Wert die Merkmale eines Hochdividenden-Aristokrats. Hierbei handelt es sich nach meiner recht generischen Definition um Einzeltitel oder Sammelanlagen,

- deren Ausschüttungsrendite mindestens fünf Prozent pro Jahr beträgt,
- die unterjährige Auszahlungen vornehmen und
- in den letzten zehn Jahren die Dividende nicht gekürzt oder ausgesetzt haben.

Eine Liste mit Hochdividenden-Aristokraten habe ich übrigens Anfang Februar 2019 als kleines Dankeschön anlässlich des zweiten Geburtstags meines Blogs kostenlos zur Verfügung gestellt. Die Excel-Tabelle mit allen wesentlichen Daten, Zahlen und Fakten zu insgesamt 45 Hochdividenden-Aristokraten kann nach wie vor am Ende des entsprechenden Blogbeitrags heruntergeladen werden.

Mit Bekanntgabe der 63. Quartalsdividende am 14. Mai 2019 musste High Liner Foods den erlauchten Kreis nun verlassen. Nach fast 16 Jahren stutzte das neue Top-Management die Dividende ordentlich zurecht und kürzte die Ausschüttung um fast zwei Drittel. Statt zuvor 0,145 kanadischen Dollar wird die Auszahlung am 15. Juni nur noch 0,05 kanadische Dollar je Anteil betragen. Wie konnte es dazu kommen? Und vor allem, wie wird es weitergehen?

Nun, High Liner Foods arbeitet zwar nach wie vor profitabel, allerdings haben sich insbesondere in den letzten drei Jahren die wichtigsten Ertragskennzahlen trotz steigender Umsätze deutlich verschlechtert. Von 2017 auf 2018 sank der Jahresüberschuss um knapp 50 Prozent und in deren Sog die Eigenkapitalrendite von 12,1 auf 5,8 Prozent. Ein wesentlicher Grund hierfür war eine sehr umfang-reiche und damit sehr teure Rückrufaktion aufgrund von Allergenen, die gleich in den Produkten mehrerer Linien enthalten waren. Gerade für einen hochpreisigen Anbieter, der etwa zwei Drittel seines Umsatzes mit Premiummarken erzielt, ist der damit einhergehende Reputationsverlust natürlich ein herber Rückschlag – nicht nur finanziell. Hinzu gesellten sich hausgemachte Probleme. So war in der jüngsten Unternehmenspräsentation folgendes zu lesen: „High Liner's growth through acquisitions has resulted in increasingly complex business". Insgesamt hantiert High Liner derzeit mit über 1.500 unterschiedlichen Produkten in über 30 Sparten. Zudem erwies sich so manche Übernahme als Fehlkauf, wie beispielsweise die des Garnelenzüchters Rubicon.

Diese Entwicklung scheint auch an der Belegschaft nicht spurlos vorbeigegangen zu sein, wie die zahlreichen Einträge auf Amerikas größtem Job- und Arbeitgeberbewertungsportal belegen. Auch wenn diese stets mit Vorsicht zu genießen sind, ist hier ein klarer Trend parallel zu den eben genannten Problemen zu erkennen. Insbesondere das Management und die Unternehmenskultur werden deutlich unterdurchschnittlich bewertet.

Als Konsequenz musste der eingangs zitierte Henry Demone seinen Platz als Vorstandsvorsitzender der Aktiengesellschaft räumen. Rod Hepponstall, der seine Nachfolge am 01. Mai 2018 antrat, obliegt es nun, die Transformation des Traditionsunternehmens zu vollziehen. Und so scheute sich Hepponstall auch nicht, bei den Dividenden einen tiefen Schnitt vorzunehmen und die Anteilseigener von High Liner Foods an den Kosten der Umstrukturierung zu beteiligen. Neue Besen kehren eben anders!

Konditionen und Besteuerung

Die Häufung der Herausforderungen bedeutet natürlich keineswegs, dass High Liner Foods sich nicht doch als interessante Dividendenperle erweisen könnte. Darauf werde ich im Detail bei der Chancen-Risiken-Besprechung weiter unten eingehen. Handelbar ist die Aktie des Fischhändlers zum einen an der Heimatbörse, der Toronto Stock Exchange (TSE), als auch an den gängigen deutschen

Börsenplätzen. Wie gewohnt empfehle ich aufgrund der höheren Liquidität und damit in der Regel besseren Kursstellung den Kauf an der kanadischen Leitbörse. Zudem sollte jede Order stets mit einem Limit versehen werden, da Kauf- und Verkaufskurs wie bei Nebenwerten üblich durchaus deutlich auseinanderfallen können.

Als Einzelaktie unterliegt High Liner Foods selbstverständlich nicht der MiFID-II-Richtlinie und sollte daher für alle Anleger mit Wohnsitz in der EU problemlos handelbar sein. Nicht nur aus Kostengründen kann ich für eine Order in Kanada die Interactive-Brokers-Ableger und Preisführer CapTrader und LYNX Broker empfehlen, wo für einen Kauf- beziehungsweise Verkaufsauftrag gerade einmal 1 Cent pro Aktie beziehungsweise ein Minimum von einem kanadischen Dollar pro Order fällig wird.

Neben dem Kostenaspekt können die beiden Depotbanken zudem in Bezug auf die bisweilen ungeliebte Quellensteuer punkten. Denn diese wird, wie bei kanadischen Titeln leider üblich, je nach Depotbank unterschiedlich gehandhabt. So tendieren europäische Institute dazu, 25 Prozent Quellensteuer abzuführen, amerikanische Broker begnügen sich hingegen meist mit 15 Prozent. Letzteres gilt ausdrücklich sowohl für CapTrader als auch LYNX Broker, deren übergeordnete Bank Interactive Brokers ein US-amerikanisches Unternehmen ist. Bei allen Dividendenzahlungen können gemäß dem Doppelbesteuerungsabkommen (DBA) zwischen Deutschland und Kanada maximal 15 Prozent Quellensteuern auf die heimische Abgeltungssteuer angerechnet werden.

Was geschieht nun, wenn mehr als die maximal anrechenbaren 15 Prozent Quellensteuern einbehalten werden? In diesem Fall wird der 15 Prozent übersteigende Betrag vom kanadischen Fiskus zurückerstattet, allerdings nicht ohne einigen bürokratischen Aufwand. Zum einen ist pro Ausschüttung ein Formular auszufüllen, zum zweiten ist je Formular eine gesonderte Bescheinigungen der Depotbank erforderlich, die je nach Institut kostenpflichtig ist. Aus diesem Grund würde ich kanadische Titel ausschließlich bei einer quellensteuerfreundlichen Depotbank halten. Warum gerade bei deutschen Banken meist 25 Prozent Quellensteuern einbehalten werden, entzieht sich meiner Kenntnis. Das DBA sieht in Artikel 10, Absatz (2), Buchstabe b. für Dividenden ausdrücklich einen Quellensteuersatz von 15 Prozent vor. Im Fall der Fälle würde ich die Depotbank damit konfrontieren.

Chancen und Risiken

Die Disruption in der Dividendenhistorie von High Liner Foods ist ein schönes Beispiel dafür, dass auch Hochdividenden-Aristokraten straucheln können und irgendwann auch werden – so, wie irgendwann auch jedes Unternehmen in die Insolvenz gehen wird. Bezeichnenderweise ist der kanadische Fischhändler über das spezifische Branchenrisiko, nämlich einen Lebensmittelskandal, gestolpert. Kombiniert mit den Fehlentwicklungen der letzten Jahre hat das ausgereicht, die mit Sicherheit schwere Entscheidung pro Dividendenkürzung zu fällen.

Ob dies alles so vorauszusehen war sei mal dahin gestellt. Im Rückspiegel erschließt sich jeder Straßenverlauf und ohne Insiderkenntnisse bleibt jedes Unternehmen für jeden außerhalb des Topmanagements eine schwarze Kiste. In jedem Fall belegt die skizzierte Entwicklung auch die Nutzlosigkeit einer bisweilen vorgetragenen Binsenweisheit: „Essen [Wohnen, Reisen, Kommunizieren] müssen die Leute immer!" Das ist selbstredend richtig, sagt aber nichts über die Güte einer bestimmten Form der Bedarfsdeckung aus. Und selbstverständlich kann auch ein überlebenswichtige Güter herstellender Betrieb an ökonomischen Gesetzmäßigkeiten scheitern.

Nichts desto trotz müssen Einkommensinvestoren High Liner Foods keineswegs abschreiben. Sicher, die Dividendenrendite beträgt auf Basis der jüngst gekürzten Ausschüttung nur noch gut zwei Prozent pro Jahr. Allerdings halte ich es für sehr wahrscheinlich, dass dem Unternehmen die Trendwende gelingen und es auch im Hinblick auf die Dividende an alte Zeiten anknüpfen wird.

So hat High Liner Foods nach wie vor eine führende Position in einem interessanten Wachstumsmarkt inne. Trotz der Rückrufaktion stützt sich das über Jahrzehnte gewachsene und kultivierte Vertriebsnetz nach wie vor auf starke Einzelhandels- und Großhandelsmarken. Zudem handelt es sich um ein krisenerprobtes Traditionsunternehmen, welches schon ganz andere Stürme überstanden hat. Ferner ist der Fachhändler für Fisch und Meeresfrüchte in einer wenig wettbewerbsintensiven Branche tätig sowie in der Lage, steigende Erzeugerpreise auf die Kunden abzuwälzen. Sein Produkt- und Dienstleistungsportfolio lässt sich weder durch die Digitalwirtschaft substituieren noch durch fernöstliche Konkurrenten kopieren, jedenfalls nicht im Heimatmarkt.

Letztlich und schließlich sind die Probleme in erster Linie organisatorischer Natur. Denn trotz der gesunkenen Rentabilität schreibt High Liner Foods nach wie vor schwarze Zahlen und Liquiditätsengpässe sind derzeit ebenfalls nicht absehbar. Unter dem neuen Vorstandsvorsitzenden wurden bereits fünf Programme in die Wege geleitet, um das Unternehmen wieder in die Erfolgsspur zu führen. Dies ist bereits für 2020 geplant. Sehr konservative Investoren könnten sich allerdings an der Finanzstruktur stören. Die Bilanzsumme von gut 837 Millionen kanadischen Dollar setzt sich zu 32 Prozent aus Eigen- beziehungsweise zu 68 Prozent aus Fremdkapital zusammen. Die eigentlichen Kreditverbindlichkeiten belaufen sich dabei auf knapp 323 Millionen kanadische Dollar oder 39 Prozent der Bilanzsumme. Das scheint auch mittelfristig gut tragbar.

Anleger außerhalb (Nord-)Amerikas gehen mit einer Investition zudem ein Währungsrisiko ein, Umsätze erzielt High Liner Foods in kanadischen Dollar, mexikanischen Peso und US-Dollar. Ausschüttungen erfolgen in kanadischen Dollar, was, wie schon häufiger an dieser Stelle erwähnt, Chancen wie Risiken mit sich bringt.

Zusammenfassung und Stammdaten

Auch wenn High Liner Foods jüngst aus der Riege der Hochdividenden-Aristokraten herausgefallen ist, handelt es sich um einen Wert, den Einkommensinvestoren durchaus im Auge behalten können, sofern sie sich in Einzeltitel engagieren. Risikofreudige Naturen können das derzeit relativ niedrige Kursniveau für einen Einstieg nutzen und damit auf einen hohen künftigen Yield On Cost (YOC) spekulieren. Sollte das Unternehmen an alte Zeiten anknüpfen können, würde es sich zudem um einen der wenigen Hochdividendenwerte aus dem Lebensmittelsektor handeln.

Handelbar ist High Liner Foods an der TSE über das Kürzel HLF. Die Internationale Wertpapierkennnummer (ISIN) lautet CA4296951094. Hierüber sowie über die heimische Wertpapierkennnummer (WKN) 872694 kann der Titel auch an deutschen Handelsplätzen geordert werden. Ich empfehle wie gehabt den Erwerb über die kanadische Heimatbörse des Unternehmens.

Blogbeitrag

https://nurbaresistwahres.de/cashtest-high-liner-foods
vom 24.05.2019

6. Cashtest – First Trust Specialty Finance and Financial Opportunities Fund

Einstieg und Überblick

Unter den zahlreichen Instrumenten im Hochdividenden-Universum bilden Business Development Companies (BDCs) eine kleine aber feine und vor allem fest abgegrenzte Gruppe. Letzteres liegt daran, dass ihnen seit den 1980er Jahren ein eigenes US-Gesetz zugrunde liegt. Als reglementierte und börsennotierte Beteiligungs- und Sanierungsgesellschaften ermöglichen sie einerseits Kleinanlegern die Beteiligung an Risikokapitalgebern, andererseits stärken sie die Finanzierungsbasis mittelständischer Unternehmen. Hierzu werden BDCs von der Körperschaftssteuer befreit, sofern sie ihren Anteilseignern mindestens 90 Prozent des Reinertrags ausschütten und einige weitere Auflagen erfüllen. Umfangreiche Details zu dieser Anlageklasse habe ich kürzlich im Rahmen eines Gastbeitrags veröffentlicht. Alternativ können diese in Kapitel 4 meines Buchs „Bargeld statt Buchgewinn" nachgelesen werden. Und auch Nils Gajowiy hat sich der BDC auf seinem YouTube-Kanal angenommen.

Zusammenfassend lassen sich BDCs am ehesten als Mischung aus Unternehmensberatung und Firmenkreditinstitut klassifizieren. Gut vierzig dieser speziellen Beteiligungsunternehmen sind aktuell börsengelistet. Anleger diesseits des Atlantiks, die das Einzelwert- beziehungsweise Managementrisiko minimieren wollten, konnten es sich in der Vergangenheit einfach machen und den gesamten Sektor über einen einzigen Exchange Traded Fund (ETF) ins Depot legen. Wie regelmäßige Leser meines Blogs richtig vermuten, ist der VanEck Vectors BDC Income ETF der MiFID-II-Richtlinie zum Opfer gefallen und kann nur über Broker außerhalb der Europäischen Union (EU) erworben werden.

Nun habe ich bereits in einem Blogbeitrag anlässlich des einjährigen Jubiläums der bei Einkommensinvestoren ungeliebten Richtlinie bemerkt, dass für (fast) alle der nunmehr nicht handelbaren ETFs eine Alternative existiert. Im Bereich der

47

Master Limited Partnerships (MLPs) habe ich ein solches Wertpapier bereits vorgestellt. Heute möchte ich nachziehen und für den wesentlich kleineren Sektor der BDCs eine solche nach wie vor handelbare Alternative besprechen. Tatsächlich handelt es sich meines Wissens beim First Trust Specialty Finance and Financial Opportunities Fund und dem VanEck Vectors BDC Income ETF um die einzigen Sammelanlagen mit einem entsprechenden Anlageschwerpunkt.

Historie und Kennzahlen

Aufgelegt wurde und verwaltet wird der Fonds von der vergleichsweise jungen Vermögensverwaltung First Trust Portfolios, die 1991 gegründet wurde und ihren Stammsitz in Wheaton, Illinois, einem Vorort von Chicago, innehat. Das nicht börsennotierte Unternehmen beschäftigt 500 Mitarbeiter, die Stand Anfang 2019 Vermögenswerte in Höhe von mehr als 110 Milliarden US-Dollar verwalten. Die Hälfe davon entfällt auf ETFs, daneben betreut das Unternehmen eine Vielzahl börsennotierter und nicht börsennotierter Fonds verschiedenster Ausrichtung sowie Altersvorsorgekonten und -sparpäne.

Der First Trust Specialty Finance and Financial Opportunities Fund gehört zu den börsennotierten Fonds des Anbieters und firmiert als Closed-end Fund (CEF). Zur Erinnerung: CEFs haben trotz ihres Namens nichts mit den in Deutschland eher einen zweifelhaften Ruf genießenden geschlossenen Fonds zu tun. Zwar werden CEFs ebenfalls von Finanzdienstleistungsunternehmen aufgelegt, allerdings wird nach einer Zeichnungsphase, in der das Anlagekapital eingeworben wird, der Fonds geschlossen und als vermögensverwaltendes Unternehmen an die Börse gebracht. Über den Emittenten ist kein Handel möglich, der Kurs des CEFs bemisst sich also ausschließlich anhand Angebot und Nachfrage.

Aufgelegt wurde der First Trust Specialty Finance and Financial Opportunities Fund bereits im Jahr 2007. Somit können wir uns ein sehr gutes Bild davon machen, wie sich der Sektor in einer ausgewachsenen Baisse wie der Weltfinanzkrise geschlagen hat. Vorab dazu nur so viel: Es wird hübsch-hässlich, wie ich im Abschnitt zu den Chancen und Risiken darlegen werde! Der VanEck Vectors BDC Income ETF wurde übrigens erst 2013 aufgelegt und kann für diesen Belastungstest nicht herangezogen werden.

Stand Ende Mai 2019 beläuft sich das Fondsvermögen, konkret der Nettoinventarwert (Net Asset Value, NAV), auf über 83 Millionen US-Dollar, die sich auf gut 14 Millionen handelbare Stücke verteilen. Der Kurs notiert nach wie vor etwas über 6,00 US-Dollar, was einem Aufgeld (Agio) von ziemlich genau acht Prozent entspricht. Anders gesagt: Investoren legen also für jeden US-Dollar verwaltetes Vermögen 1,08 US-Dollar auf den Tisch. Historisch betrachtet ist das eine eher seltene Konstellation die meist dann eintritt, wenn hinreichend viele Anleger den Titel unbedingt im Portfolio haben wollen und dafür bereit sind, mehr als den anteiligen Nettoinventarwert zu zahlen. Ein ähnliches Phänomen ist beispielsweise seit Jahren bei deutschen Staatsanleihen zu beobachten, die bis zu einer Laufzeit von etwa fünf Jahren negativ rentieren und daher ebenfalls mit Aufgeld zur Zins- und Tilgungssumme gehandelt werden.

Zumindest was die Ausschüttungen angeht, zeigt sich der First Trust Specialty Finance and Financial Opportunities Fund deutlich spendabler als die Bundesrepublik Deutschland. Die Dividende beträgt seit Mitte 2015 konstant 0,175 US-Dollar je Anteil und Quartal, was auf das Jahr gerechnet einer Ausschüttungsrendite von gut elf Prozent entspricht. Solche Zinsen zahlte die Bundesrepublik Deutschland auf ihre Anleihen zuletzt übrigens im Jahr 1981 zum Ausklang der vorerst letzten ausgeprägten Inflationsphase. Zur hohen Dividende tragen auch Kredite bei, welche der CEF in mäßigem Umfang einsetzt. Ausweislich des letzten Jahresabschlusses sind es knapp 28 Millionen US-Dollar bei etwa 111 Millionen US-Dollar Vermögenswerten, was einer Fremdkapitalquote von circa 25 Prozent entspricht. Bis zu einem Drittel dürfte das Fondsmanagement diese noch erhöhen, bis die gesetzlich zulässige Grenze erreicht ist.

Vom 2018 erzielten Zahlungsstrom (Cashflow) in Höhe von 10.067.177 US-Dollar flossen übrigens 9.999.384 US-Dollar direkt an die Anleger, was einer Ausschüttungsquote von 99,3 Prozent entspricht. Wie sieht das Fondsportfolio aus und warum taucht der Begriff „BDC" im Namen nicht auf? Nun, das liegt daran, dass der CEF seit vielen Jahren konstant etwa 90 Prozent des Fondsvermögens in BDCs investiert und für die verbleibenden zehn Prozent Mortgage Real Estate Investment Trusts (REITs) beimischt. Mortgage REITs sind börsennotierte Unternehmen, die in hypothekarisch besicherte Wertpapiere investieren. Für weitere Informationen zu dieser speziellen Wertpapierklasse verweise ich auf eine gesonderte Besprechung eben eines solchen Papiers. Insofern ist der Name des Fonds korrekt gewählt, sowohl BDCs als auch Mortgage REITs sind spezielle Finanzierungsunternehmen und in besonderen Umfeldern tätig.

Das Portfolio des First Trust Specialty Finance and Financial Opportunities Fund umfasste zum Ende des letzten Jahres 23 BDCs und 3 Mortgage REITs. Hierunter finden sich neben den Platzhirschen Ares Capital und Main Street Capital bei den BDCs sowie Annaly Capital Management bei den Mortgage REITs auch zahlreiche kleinere beziehungsweise unbekanntere Gesellschaften. In Summe ist der CEF also nicht ganz so breit diversifiziert wie der korrespondierende ETF, hat dafür aber im Gegenzug mit den Mortgage REITs eine zweite Anlageklasse im Portfolio.

Konditionen und Besteuerung

Der First Trust Specialty Finance and Financial Opportunities Fund wird ausschließlich an der New York Stock Exchange (NYSE) und NASDAQ gehandelt. Besonders günstig kann der Titel wie gewohnt über CapTrader und LYNX Broker gehandelt werden. Bei den beiden Wiederverkäufern von Interactive Brokers kostet eine Order 0,02 US-Dollar pro Stück beziehungsweise mindestens zwei Dollar, so dass ein Auftrag bereits ab etwa 200 US-Dollar wirtschaftlich platziert werden könnte. Diesbezüglich liegt bei mir die Schmerzgrenze mithin bei einem Prozent des Handelsvolumens.

Als CEF unterliegt der First Trust Specialty Finance and Financial Opportunities Fund keinen Handelseinschränkungen wie der MiFID-II-Richtlinie. Aus dem Grund kann das Papier beispielsweise auch über die Comdirect Bank geordert werden, wenngleich zu deutlich höheren Kosten als bei den zuvor genannten Brokern. Diese betragen bei der norddeutschen Plattform 7,90 Euro zuzüglich 0,25 Prozent des Handelsvolumens, unter 2.000 Euro Ordervolumen fallen mindestens 12,90 Euro an.

Neben den Kosten des Erwerbs fallen die jährlichen Gebühren für die Verwaltung des First Trust Specialty Finance and Financial Opportunities Fund an. Hierfür stellte das Management zuletzt 1,6 Prozent des Fondsvermögens in Rechnung. Das ist zwar eine Hausnummer, angesichts der speziellen Ausrichtung allerdings keineswegs unüblich. Zudem erfasst dies sämtliche administrativen und operativen Kosten. Der VanEck Vectors BDC Income ETF begnügt sich übrigens mit etwa einem Drittel der Quote.

Bleibt noch das leidige Steuerthema, welches in dem Fall aber leicht abzuhandeln ist. Sofern heimische Anleger bei ihrem Broker ein W-8BEN-Formular ausgefüllt haben, werden 15 Prozent Quellensteuer einbehalten, die gemäß des Doppelbesteuerungsabkommens (DBA) zwischen Deutschland und den USA wie gewohnt voll auf die Abgeltungssteuer angerechnet werden können. Von der zum 01. Januar 2018 in Kraft getretenen Reform der Investmentfondsbesteuerung ist der First Trust Specialty Finance and Financial Opportunities Fund ausgenommen, da er als CEF technisch als Aktie und nicht als Investmentfonds gemäß Gesetz einzustufen ist.

Chancen und Risiken

Wer langfristig in BDCs anlegen möchte, benötigt ein stabiles Nervenkostüm. Das liegt schlichtweg daran, dass es sich um eine der schwankungsanfälligsten Anlageklassen im Bereich der Hochdividendenwerte handelt. Dies kann auch nicht weiter verwundern, schließlich sind BDCs von Rechts wegen überwiegend in nicht börsennotierte kleine und mittlere Unternehmen investiert, die deutlich anfälliger für wirtschaftliche Turbulenzen sind als gestandene Standardwerte. Zudem schwebt über den BDC-Beteiligungen stets das Damoklesschwert der Illiquidität, denn mangels Börsennotiz dürfte es gerade dann, wenn der Markt auszutrocknen droht (Stichwort Kreditklemme), nur schwer möglich sein, kriselnde Beteiligungen zu veräußern.

Das hat sich, wie eingangs angekündigt, sehr drastisch während der Weltfinanzkrise gezeigt, als der Kurs des First Trust Specialty Finance and Financial Opportunities Funds von sehr übertriebenen gut 20,00 US-Dollar auf 2,54 US-Dollar abstürzte. Das Tief wurde am 01. Februar 2009 markiert, der Niedergang zudem durch die Beimischung von Mortgage REITs beschleunigt, die ja im Brennpunkt der Krise standen. Nichts desto trotz fiel der auf die BDCs bezogene maximale Verlust beziehungsweise Maximum Drawdown (MDD) von geschätzten 80 Prozent deutlich überdurchschnittlich aus; die gängigen Indizes verloren etwa die Hälfte an Wert.

Auch die Dividende wurde im Zuge dieses Preisverfalls in mehreren Schritten um zwei Drittel gekürzt, zahlreiche BDCs mussten seinerzeit die Ausschüttungen sogar komplett einstellen. Grund dafür waren auch die regulatorischen Vorgaben, die sich für BDCs aus dem Small Business Investment Incentive Act ergeben. Dieser schreibt eine Verschuldungsgrenze vor, seinerzeit mussten BDCs für jeden US-Dollar Schulden mindestens zwei US-Dollar Vermögenswerte vorhalten. BDCs, die diese Schwelle rissen, waren verpflichtet, Gegenmaßnahmen zu ergreifen und mussten unter anderem die Dividende streichen, bis die vorgegebene Quote wieder erreicht wurde.

Dies sowie der Zwang zur Diversifikation, BDCs müssen ihr Portfolio hinreichend breit streuen, dürften dafür gesorgt haben, dass trotz des grundsätzlich sehr risikobehafteten Geschäftsmodells keine dieser speziellen Beteiligungsgesellschaften im Zuge der Krise in Konkurs gegangen ist. Lediglich eine Gesellschaft wurde am Rande der Pleite stehend von einem soliden Wettbewerber übernommen. Die jahrzehntelang gültige Verschuldungsquote von eins zu zwei wurde übrigens im Jahr 2018 auf eins zu anderthalb aufgeweicht. Das hat dazu geführt, dass fast alle BDCs einen Schluck aus der Niedrigzins-Pulle und zusätzliches Fremdkapital aufgenommen haben.

Seit dem historischen Tief haben sich sowohl der Kurs des First Trust Specialty Finance and Financial Opportunities Funds als auch die Dividendenhöhe kontinuierlich positiv entwickelt. Während sich der Kurs bis 2011 deutlich erholte und seither in einem Band zwischen 6,00 und 8,00 US-Dollar pendelt wurde die Dividende nie wieder gekürzt und über die Jahre sogar sukzessive gesteigert. Tatsächlich hat sich der CEF seither ähnlich entwickelt wie der US-amerikanische Gesamtmarkt, hier repräsentiert durch den SPDR S&P 500 Trust. Vom 02. Januar 2009 bis 27. Juni 2019 wären aus 10.000 investierten US-Dollar im Fall des Fonds 38.712 beziehungsweise im Fall des Index 38.676 US-Dollar geworden, sofern die Dividenden in beiden Fällen immer reinvestiert worden wären. Das entspricht einer jährlichen Durchschnittsrendite von knapp 13,8 Prozent.

Interessanter ist allerdings der Vergleich des First Trust Specialty Finance and Financial Opportunities Fund mit dem VanEck Vectors BDC Income ETF. Dieser ist aufgrund des Emissionsdatums des Indexabbilders erst ab Anfang 2013 möglich. Konkret wären hier vom 12. Februar 2013 bis zum 27. Juni 2019 aus 10.000 investierten US-Dollar 13.301 (CEF) beziehungsweise 13.653 US-Dollar (ETF) geworden, ohne reinvestiere Dividenden 12.146 (CEF) beziehungsweise 12.673 US-Dollar (ETF). Hier dürften sich die niedrigeren Kosten des ETFs in der Gesamtentwicklung niedergeschlagen haben. Allerdings ist der Unterschied angesichts des Vergleichzeitraums statistisch kaum signifikant, faktisch liegen beide Papiere gleichauf.

Beiden gemein ist allerdings eine Schwächephase im Jahr 2015 und 2016, die so am Gesamtmarkt vorbeigegangen und daher sektorspezifisch ist. Hier haben sich vermutlich die Auswirkungen der US-amerikanischen Zinswende bemerkbar gemacht haben. Typischerweise reagieren die Kurse der Spezialfinanzierer sensibel auf Änderungen des Zinsniveaus, da sich dieses unmittelbar auf die Ertragslage auswirkt. So müssen sich bei steigenden Zinsen BDCs teurer refinanzieren, während das zu Festzinsen vergebene Fremd- und Mezzanine-Kapital nach wie vor dieselben Erträge abwirft. Umgekehrt profitieren BDCs von sinkenden Zinsen. Allerdings achten die weitsichtigen Beteiligungsunternehmen auf ein ausgewogenes Portfolio und einen hohen Anteil variabel verzinster Ausleihungen.

So oder so sollten sich Investoren des Zinsänderungsrisikos bewusst sein. Das gilt schließlich auch für das Währungs- und Brachenrisiko. mit einer Anlage in BDCs, egal ob Einzeltitel oder Sammelanlage, sind sie nun einmal ausschließlich im US-amerikanischen Mittelstand und in US-Dollar investiert. Damit einher geht ein politisches Risiko, in Stein für die Ewigkeit gemeißelt ist der Small Business Investment Incentive Act nicht und es wäre nicht das erste Mal, dass der Gesetzgeber mit wesentlichen (steuer-)rechtlichen Änderungen ein Kursmassaker anrichtet.

Zusammenfassung und Stammdaten

Für Einkommensinvestoren mit Wohnsitz in der EU und MiFID-II-regulierter Depotbank, die den BDC-Sektor möglichst breit abdecken möchten, ist der First Trust Specialty Finance and Financial Opportunities Fund tatsächlich alternativlos. Er bündelt den Großteil der börsennotierten BDCs, garniert mit ausgewählten Mortgage REITs. Wer die Kosten für den CEF scheut oder dessen Management nicht traut, kann alternativ dazu natürlich auch zu einem Branchenschwergewicht wie Ares Capital greifen.

Als Beimischung in einem breit diversifizieren Depot ausschüttungsstarker Wertpapiere sollte meiner Meinung nach jedenfalls ein Platz für die Anlageklasse reserviert sein. Dem höheren Schwankungsrisiko stehen ebenso attraktive wie durchaus solide Ausschüttungen entgegen, die bisweilen zweistellig ausfallen können. Handelbar ist der First Trust Specialty Finance and Financial Opportunities

Fund an der NYSE und NASDAQ unter dem Kürzel FGB, die International Securities Identification Number (ISIN) lautet US33733G1094.

Blogbeitrag

https://nurbaresistwahres.de/cashtest-first-trust-specialty-finance-and-financial-opportunities-fund
vom 19.07.2019

7. Cashtest – Scottish and Southern Energy

Einstieg und Überblick

Eine regelmäßig wiederkehrende Frage meiner Leser ist die nach europäischen Hochdividendenwerten beziehungsweise nach der Vorstellung eines solchen Titels. Auch wenn Europa nicht gerade als Eldorado für Einkommensinvestoren bekannt ist, so gibt es doch die eine oder andere Aktiengesellschaft, die den fünf Hauptkriterien einer klassischen Hochdividendenanlage genügt:

- Dividendenrendite größer fünf Prozent,
- keine Ausschüttungen aus der Substanz,
- unterjährige Ausschüttungsfrequenz,
- cashflowstarkes Geschäftsmodell,
- liquider Handel an einer etablierten Börse.

Vorreiter des Kontinents ist mit Abstand Großbritannien, das hier ganz klar in der angelsächsischen Wertpapiertradition steht. Zu den bekanntesten Hochdividendenwerten des Königreichs dürften die globalen Multis Royal Dutch Shell und British American Tobacco (BAT) gehören. Letzterer wurde an dieser Stelle bereits im Rahmen einer Videoanalyse vorgestellt. Allerdings bewegen sich beide Unternehmen je nach Anlegersicht mit Tabakwaren beziehungsweise Ölförderung in anrüchigen oder sterbenden Geschäftsfeldern.

Aus diesem Grund möchte ich einen wenig bekannten und dennoch milliardenschweren Hochdividendenwert vorstellen, der zudem in einer akzeptablen und vor allem zukunftsträchtigen Branche aktiv ist. Das die am Rande der Highlands beheimatete Scottish and Southern Energy (SSE) unter dem Radar kontinentaleuropäischer Anleger operiert dürfte vor allem daran liegen, dass der integrierte Infrastrukturdienstleister ausschließlich in Großbritannien und Irland aktiv ist. Schauen wir uns also diesen Vertreter der seltenen Spezies im Detail an!

Historie und Kennzahlen

SSE in seiner heutigen Form entstand durch den Zusammenschluss des schottischen Versorgers Scottish Hydro-Electric sowie des südenglischen Pendants Southern Electric im Jahr 1998. Scottish Hydro-Electric wiederum wurde im Jahr 1943 als The North of Scotland Hydro-Electric Board gegründet, um den Bau von Wasserkraftwerken in den Highlands zu fördern. Vor allem aber hatte die Organisation den Auftrag, sämtliche schottischen Energieversorger zu übernehmen. Diese Maßnahme erfolgte im Rahmen der Verstaatlichung sämtlicher Versorgungsunternehmen in Großbritannien auf Basis des im selben Jahr verabschiedeten Hydro-Electric Development Act beziehungsweise des Electricity Act von 1947.

Unter Margaret Thatcher erfolgte ab dem Jahr 1989 die (Re-)Privatisierung als Aktiengesellschaft und wenig später die Umbenennung in Scottish Hydro-Electric. Zeitgleich wurde der Firmensitz von Edinburgh nach Perth verlegt, wo das Unternehmen heute zu den drei größten Arbeitgebern zählt. Southern Electric Board wurde ebenfalls als öffentlich-rechtliches Versorgungsunternehmen im Jahr 1948 gegründet und belieferte den Süden der Insel mit Strom. Die Privatisierung inklusive Börsengang an die London Stock Exchange (LSE) erfolgte im Jahr 1990. Dabei fiel analog zu Scottish Hydro-Electric das „Board", also „Verwaltungsbehörde" weg und wurde durch „PLC", also „Public Listed Company", sprich Aktiengesellschaft, ersetzt. „Scottish Hydro-Electric" besteht bis heute als Markenname in Schottland fort.

Allen organisatorischen Umgestaltungen zum Trotz hat sich das Kerngeschäft des Konzerns nicht verändert: Produktion und Distribution von Energie an Privat- und Geschäftskunden in Großbritannien (und Irland). Tatsächlich ist SSE sowohl der größte integrierte Energieversorger als auch der größte Produzent „erneuerbarer Energien" sowie der jeweils zweitgrößte Gas- und Stromanbieter im Vereinigten Königreich. Zur Abdeckung der gesamten Wertschöpfungskette im Gasgeschäft verfügt das Unternehmen über eigene Gasfelder und Förderanlagen im

Atlantik und der Nordsee, Speicheranlagen und Pipelinesysteme sowie die Anbindung an Haushalte und Unternehmen. Gleiches gilt für das Stromgeschäft. Neben Wasser-, Wind- und Biomassekraftwerken mit insgesamt knapp 3.000 Megawatt (MW) Leistung sowie Gas-, Öl- und Kohlekraftwerken mit insgesamt über 8.000 MW Leistung betreibt SSE zahlreiche Umspannwerke und Stromnetze, die sich über das gesamte Land verteilen bis einschließlich zum Endverbraucher. Darüber hinaus ist SSE auch als Energie- und Telekommunikationsdienstleister aktiv, erfasst in diesem Bereich beispielsweise den Strom- und Gasverbrauch eigener (und fremder) Kunden, rechnet diesen ab und betreibt das Inkasso.

Zuletzt trug die Energieproduktion etwa 25 Prozent, die Energienetze 50 Prozent und das Liefer- und Servicegeschäft die restlichen 25 Prozent zum Umsatz bei. Der lag ausweislich der letzten Bilanz bei über 31 Milliarden englischen Pfund (Great Britain Pound, GBP) beziehungsweise bei gut 34 Milliarden Euro, das bereinigte Ergebnis vor Steuern bei circa 1,42 Milliarden GBP respektive 1,56 Milliarden Euro. Bei der Umrechnung habe ich den Wechselkurs von aktuell etwa 1,10 Euro je GBP zugrunde gelegt. Beide Kennzahlen sind seit vielen Jahren recht konstant und schwanken jeweils um wenige Prozentpunkte. Gleiches gilt für die Zahl der Mitarbeiter, die bei etwa 21.000 liegt.

Was bringt SSE nun auf die Börsenwaage? Aktuell eine Marktkapitalisierung von knapp 11,5 Milliarden GBP oder 12,7 Milliarden Euro, die sich auf gut eine Milliarde Aktien verteilen. Dementsprechend notiert das Papier an der LSE bei 11,20 GBP. Damit liegt die Marktkapitalisierung etwa doppelt so hoch wie das Ende 2018 bilanzierte Eigenkapital in Höhe von 5,23 Milliarden GBP. Zusammen mit 17,98 Milliarden GBP Fremdkapital ergibt das die beachtliche Bilanzsumme von etwas über 23 Milliarden GBP. Gut die Hälfte des Fremdkapitals machen übrigens kurzfristige Verbindlichkeiten, beispielsweise Lieferantenrechnungen, aus, wie sie für Unternehmen in der Branche typisch sind, so dass die langfristigen Finanzverbindlichkeiten acht Milliarden GBP betragen. Spiegelbildlich stehen diesen ebenso kurzfristige Forderungen aus dem operativen Geschäft gegenüber. Das gesamte Anlagevermögen von Bohrinseln über Pipelines, Tanks, Kraftwerke und Stromnetze wird indes auf über 13 Milliarden GBP taxiert.

Wie ist das Aufgeld von gut 100 Prozent auf den Substanzwert, welches Anleger an der Börse zahlen müssen, zu bewerten? Tatsächlich ist die betriebliche Substanz immer an das spezifische Ertragspotenzial gekoppelt. Kann mit einem Sachwert kein Umsatz erzielt werden sinkt dessen Preis auf den Schrottwert. Langfristig bemisst sich der Wert eines Unternehmens daher wie bei jeder anderen Investition auch anhand der hieraus zufließenden, auf die Gegenwart abgezinsten Erträge. Unternehmensbeteiligungen sind daher Ertrags- und keine Sachwerte.

Und was die (Dividenden-)Erträge angeht, weist SSE eine makellose Historie auf. Seit 2001 ist es dem Unternehmen gelungen, die Ausschüttungen durchweg jedes Jahr zu steigern. 2018 beliefen sie sich auf 94,70 Pence pro Aktie, was einer üppigen Dividendenrendite von 8,5 Prozent entspricht. Gezahlt wird stets zweimal im Jahr, einmal im März eine „interim dividend" sowie im September eine „final dividend". Zuletzt betrug die Ausschüttungsquote circa 80 Prozent des Gewinns nach Steuern. In Summe hat sich SSE damit als lupenreiner Hochdividenden-Aristokrat qualifiziert!

Konditionen und Besteuerung

Die Aktie der SSE ist im britischen Leitindex, dem Financial Times Stock Exchange Index, kurz FTSE 100, vertreten, der etwa 80 Prozent der Marktkapitalisierung der LSE repräsentiert. In dieser Liste der 100 größten an der LSE notierten Unternehmen nimmt SSE Platz 36 ein – Platz 1 und 3 besetzen Royal Dutch Shell sowie BAT. Die LSE weist übrigens zwei historische Besonderheiten auf. Zum einen erfolgt die Notiz der Wertpapiere dort traditionell nicht in Pfund, sondern in Pence (Great Britain Pence, GBp). Somit steht die Aktie der SSE aktuell also nicht bei 1.120 Pfund (GBP), sondern bei 1.120 Pence (GBp) oder eben

11,20 GBP. Zum zweiten erhebt England mit der Stempelsteuer eine faktische Finanztransaktionssteuer von 0,5 Prozent bezogen auf das Ordervolumen. Die Stempelsteuer ähnelt historisch ein wenig der in Deutschland 1902 zur Finanzierung der kaiserlichen Marine eingeführten Schaumweinsteuer, das entsprechende englische Gesetz wurde allerdings bereits 1765 erlassen, um die finanziellen Folgen des Siebenjährigen Krieges zu bewältigen. Einige Jahre später erwies sich das Stempelsteuergesetz als mitentscheidend für die Erklärung der amerikanischen Unabhängigkeit. Unter dem Strich also ein sehr teurer Spaß!

Günstig und pauschal ab 8,00 GBP zuzüglich Stempelsteuer lassen sich die Aktien der SSE an der Heimatbörse via CapTrader und LYNX Broker handeln. Angesichts meiner persönlichen Gebührenschmerzgrenze von einem Prozent des Ordervolumens lohnt hier ein Kauf ab 840,00 GBP beziehungsweise in diesem Fall 75 Stück. Alternativ lässt sich SSE auch an deutschen Börsenplätzen sowie in den USA via American Depositary Receipt (ADR) handeln. Was es mit ADRs auf sich hat, habe ich in Kapitel 13.4 meines Buchs „Bargeld statt Buchgewinn" erläutert. Eine Inlandsorder kann beispielsweise über die Comdirect Bank vergleichsweise kostengünstig ab 12,40 Euro platziert werden.

Als Aktie unterliegt die SSE selbstverständlich keinen Handelseinschränkungen wie der MiFID-II-Richtlinie und auch nicht der neuen Fondsbesteuerung. Überhaupt ist das Thema Steuern in diesem Fall leicht und erfreulich abzuhandeln. Als eines von wenigen Länder erhebt Großbritannien keine Quellensteuern, Ausschüttungen fließen also auch ausländischen Aktionären ungeschmälert zu. Das macht britische Dividendenpapiere insbesondere für diejenigen Anleger interessant, die ihre Kapitaleinkünfte nicht besteuern müssen, wie beispielsweise Personen, die sonst kein steuerbares Einkommen erzielen oder solche mit Non-Domiciled-Status in Irland, Malta oder Zypern. Bei heimischen Investoren greift natürlich die Abgeltungssteuer.

Chancen und Risiken

Die wechselvolle Geschichte von SSE belegt eindrücklich die auch in Deutschland nur allzu gut bekannte Einflussgröße, die über Wohl und Wehe in der Energiewirtschaft entscheidet, nämlich die normative Kraft der Gesetzgebung. Dies ist kaum verwunderlich, stellt die Energieinfrastruktur seit der Sesshaftwerdung des Menschen den notwendigen Faktor der wirtschaftlichen Entwicklung dar. Neben der Finanzwirtschaft und Medizin dürfte der Versorgungssektor die höchste regulatorische Dichte aufweisen.

Etwaige Änderungen können sich Schwarzen Schwänen gleich negativ auf die Ertragslage und Bewertung der Unternehmen auswirken – E.ON- und RWE-Aktionäre der Zeit rund um die Fukushima-Katastrophe wissen ein Lied davon zu singen. Spiegelbildlich sind allerdings auch positive Effekte denkbar. Und diesbezüglich hat SSE die Segel rechtzeitig gehisst. In diesem Fall zum einen durch Konzentration der Aktivitäten auf die Netzinfrastruktur, zum anderen durch den frühzeitigen Schwenk hin zu „erneuerbaren Energien", die sukzessive weiter ausgebaut werden sollen.

Auch wen SSE als gewöhnliche Aktiengesellschaft keine direkten Steuervorteile wie etwa Real Estate Investement Trusts (REITs) genießt, profitiert das Unternehmen in dieser Sparte doch von politischen Renten, beispielsweise in Form fester Einspeisevergütungen oder Abnahmegarantien, die auch in Großbritannien verbreitet sind. Ähnliches gilt für den Betrieb der Netzinfrastruktur sowie das Liefer- und Servicegeschäft. Hier dampfen in weiten Teilen vorgegebene Gebührenmodelle zwar die Wachstumsphantasien ein, erlauben andererseits aber sehr gut kalkulierbare Umsätze.

All das schlägt sich im bisherigen Kursverlauf der Aktie nieder. Von der Erstnotiz bis Dezember 2007 ging es stets bergauf, der Dämpfer im Rahmen des Dotcom-Crashs fiel mit 38 Prozent deutlich unterdurchschnittlich im Vergleich zum Gesamtmarkt aus, der FTSE 100 halbierte sich glatt. Gleiches galt wenige Jahre später auf dem Höhepunkt der Weltfinanzkrise. Vom Allzeithoch bei 16,51 GBP fiel

SSE bis Mai 2010 auf ein Tief von 10,39 GBP, was einem Minus von 37 Prozent entspricht, welches der FTSE 100 um sechs Prozentpunkte getoppt hat. Seither schwankt der Kurs von SSE innerhalb dieser Bandbreite, was nicht zuletzt auf die bis heute andauernde Umbruchsituation im globalen Energiesektor einschließlich Öl- und Gaspreisverfall zwischen 2014 und 2016 zurückzuführen sein dürfte.

Hier wurde SSE aller Wahrscheinlichkeit nach allerdings ein Stück weit in Sippenhaft genommen, schließlich sind drei Viertel des Geschäfts komplett unabhängig von den Energie- und Rohstoffpreisen. Ganz im Gegenteil dürfte der Ausbau des ebenso berechenbaren wie hochprofitablen Netz- und Endkundengeschäfts ganz wesentlich zur Dividendenkontinuität beigetragen haben. Und die kennt bisher nur eine Richtung: Aufwärts!

Tatsächlich wird das politische beziehungsweise regulatorische Risiko von SSE auch klar erkannt und strategisch gemanagt. So ist das Unternehmen bemüht, eine gesunde Mischung aus „regulated assets" und „unregulated assets" zu betreiben und das interne Portfolio an Vermögenswerten breit zu streuen – gleichwohl mit dem erklärten Willen, auch künftig die heimischen Märkte zu bedienen. Anleger setzen sich mit einer Investition in SSE also klar einem Länder- und Währungsrisiko aus, sofern das vergleichsweise kleine Irland-Geschäft außen vor bleibt. Und damit sind sechs die Medien seit Monaten dominierende Buchstaben verknüpft: BREXIT.

Wie wird sich ein etwaiger Austritt Großbritanniens aus der Europäischen Union (EU) auf Festlandaktionäre der SSE auswirken? Egal ob der Austritt hart, weich oder gar nicht erfolgen sollte, die Antwort lautet: Ich weiß es nicht. Erfahrungsgemäß haben politische Börsen kurze Beine, wie es so schön heißt. Kurzfristige Turbulenzen dürften sich mittelfristig vermutlich wieder glätten. Im Fall von SSE kommt hinzu, dass das Unternehmen de facto nur in Großbritannien aktiv ist. Jede Form eines Brexits sollte das operative Geschäft daher kaum beziehungsweise höchst indirekt beeinträchtigen. Ausländische Investoren dürften daher am ehesten durch brexit-bedingte Wechselkurskapriolen betroffen sein. Aktuell steht das GBP gegenüber der Einheitswährung da, wo es vor zehn Jahren stand, bei etwa 1,10 Euro. Zwischenzeitig, nach Ausbruch der Euro-Krise, ging es jedoch auf über 1,40 Euro hoch, im Vorfeld und Nachgang zum Brexit-Referendum wieder auf den heutigen Stand runter. Das bestätigt einerseits obige Aussage zu politischen Börsen und belegt andererseits, wie wichtig es sein kann, das eigene Portfolio auch hinsichtlich der Währungsräume zu diversifizieren.

Zusammenfassung und Stammdaten

Es muss nicht immer Australien, Kanada oder die USA sein. Gerade das Vereinigte Königreich kann durchaus mit einigen wettbewerbsfähigen Hochdividendenwerten aufwarten. Mit SSE legen sich Anleger diesbezüglich einen Brot-und-Butter-Titel ins Depot, welches über ein breit angelegtes und vertikal integriertes Geschäftsmodell verfügt und erstens unverzichtbar für die britische Volkswirtschaft ist sowie zweitens durch Wettbewerber kaum zu kopieren sein dürfte. Dieser Burggraben einschließlich der unelastischen Nachfrage in Kombination mit teilweise normierten Entgelten sollte auch in Zukunft den Zahlungsstrom und damit die Ausschüttungen stabil halten können, ohne von der Substanz zu zehren.

Auch wenn die Finanzierungsstruktur nicht als konservativ bezeichnet werden kann, ist der Fremdkapitaleinsatz beziehungsweise Hebel vertretbar und durchaus branchenüblich. Zudem konnte SSE zuletzt das Zinsumfeld nutzen und sich äußerst günstig refinanzieren. Allein zwei als „Green Bonds" deklarierte Anleiheemissionen zur Finanzierung von Windparks aus den Jahren 2017 und 2018 im Umfang von 1,1 Milliarden GBP waren so stark nachgefragt, dass das Unternehmen sie mit einem durchschnittlichen (Mager-)Zins von gut einem Prozent pro Jahr losschlagen konnte. Die grünen Anleihen sind zudem die größten ihrer Art, die bisher ein britisches Unternehmen platziert hat und hat den ohnehin guten Ruf von SSE zementiert. So ist die Aktiengesellschaft bereits seit 2013 ein „Living Wage Employer" und war 2018 auch das erste Unternehmen aus dem FTSE 100, das mit dem Fair-Tax-Siegel ausgezeichnet wurde. Gute Arbeitsbedingung und transparentes Finanzgebaren fördern nicht nur Ansehen und die Berücksichtigung in Nachhaltigkeitsindizes, sie schlagen sich mittlerweile ebenfalls in barer Münze nieder. Man mag davon halten, was man möchte, aber im vergangenen Jahr wurde SSE genau aufgrund dieser Kriterien eine Kreditlinie über 1,3 Milliarden GBP bei einer europäischen Großbank zu besonders günstigen Konditionen eingeräumt.

SSE eignet sich für Einkommensinvestoren als Beimischung in einem Einzelwert- oder Mischdepot aus Einzeltiteln und Sammelanlagen. In jedem Fall ist die Aktie der offensiven Depotkomponente zuzuschlagen. Gehandelt werden kann der Titel unter dem Kürzel SSE.L an der LSE beziehungsweise außerbörslich als ADR in den USA unter dem Kürzel SSEZY. An deutschen Handelsplätzen lässt sich die SSE über die Wertpapierkennnummer (WKN) 881905 oder die Internationale Wertpapierkennnummer (ISIN) GB0007908733 ordern.

Blogbeitrag

https://nurbaresistwahres.de/cashtest-scottish-and-southern-energy
vom 30.08.2019

8. Cashtest – BKI Investment Company

Einstieg und Überblick

Ein weiteres Mal möchte ich an dieser Stelle an meinen Rückblick zum ersten Jahrestag des Inkrafttretens der MiFID-II-Richtlinie anknüpfen. Kurz zum Hintergrund: Aufgrund dieser Richtlinie ist es für Privatanleger mit Wohnsitz in der Europäischen Union (EU) nicht mehr ohne weiteres möglich, außereuropäische Exchange Traded Funds (ETFs) zu erwerben. Die Details können dem Blogbeitrag oder der Fragen-und-Antworten-Seite entnommen werden. Eine vergleichsweise einfach umzusetzende Ausweichstrategie besteht darin, auf Wertpapieralternativen zurückzugreifen.

Dies ist für den keinen aber feinen australischen Markt jedoch gar nicht so trivial. Tatsächlich ist die Australian Securities Exchange (ASX) nach der weltgrößten New York Stock Exchange (NYSE), der altehrwürdigen London Stock Exchange (LSE) sowie der im Windschatten der USA operierenden Toronto Stock Exchange (TSE) die nach Marktkapitalisierung bescheidenste unter den Leitbörsen der angelsächsischen Welt. Die 2.192 gelisteten Unternehmen bringen derzeit etwa 1,5 Billionen US-Dollar Marktkapitalisierung auf die Waage. Ein MiFID-II-kompatibler und dazu dividendenstarker Titel, der den australischen Aktienmarkt zu herausragenden Konditionen abbildet, ist die BKI Investment Company. Allein der außergewöhnlichen Charakteristik wegen verdient das Papier einen tiefergehenden Blick!

Historie und Kennzahlen

Die BKI Investment Company wurde im Oktober 2003 gegründet, um das Wertpapierportfolio der Brickworks Limited zu übernehmen und zu verwalten. Brickworks Limited wiederum wurde im Jahr 1934 ursprünglich als gemeinsame Handelsplattform für Baumaterialien durch australische Ziegelhersteller ins Leben gerufen, um die bis Down Under spürbaren Folgen der Großen Depression abzumildern. Im Laufe der Jahre gesellten sich weitere Geschäftssparten wie Baustoffherstellung, Immobilienbau und -handel, Hausverwaltung, Abfallentsorgung sowie eine Investmentsparte hinzu.

Brickworks Limited geht heutzutage übrigens als mittlerweile börsennotiertes Unternehmen (Kürzel: BKW) mit 1.450 Mitarbeitern unverändert den Kernkompetenzen im Baugeschäft nach. Das seinerzeit zur vermutlich dringend notwendigen Kapitalbeschaffung ausgegliederte Wertpapiervermögen – zur Erinnerung: Anfang 2003 verzeichnete der einschneidende Dotcom-Crash seinen Tiefpunkt – wurde schließlich als BKI Investment Company in der Rechtsform einer Listet Investment Company (LIC) an die Börse gebracht.

Bei der LIC handelt es sich analog zum US-amerikanischen Closed-end Fund (CEF) um einen geschlossenen und an der ASX notierten Investmentfonds. Zusammen mit den rechtlich ähnlich aufgestellten Listed Investment Trusts (LITs) machen sie die Mehrzahl börsennotierter Fonds in Australien aus. Derzeit existieren vier grundlegende Kategorien von LICs beziehungsweise LITs, die sich über den Investitionsschwerpunkt definieren:

- Australische Aktien
- Internationale Aktien
- Private-Equity-Gesellschaften
- Spezial- oder Branchentitel

LICs, die sich auf Letztere spezialisiert haben, engagieren sich vor allem in bestimmten Marktsegmenten wie zum Beispiel dem Technologie-, Rohstoff- oder Telekommunikationssektor.

Genau wie CEFs und im Gegensatz zu den in Deutschland dominierenden offenen Investmentfonds ist bei LICs keine Ausgabe und Rücknahme von Anteilen über die emittierende Kapitalanlagegesellschaft möglich. Vielmehr wirbt diese in einer Zeichnungphase Kapital für die LIC in Gründung ein, welches gemäß der festgelegten Kategorie sowie den Anlagerichtlinien investiert wird. Danach wird die LIC geschlossen und an die Börse gebracht, ihr Preis bemisst sich fortan allein nach Angebot und Nachfrage. Frisches Kapital kann sie sich nur durch eine Kapitalerhöhung, also die Emission neuer Anteile, beschaffen. Im Gegensatz zum CEF, der technisch als Aktie und rechtlich als Fonds gilt, ist die LIC als börsennotierte Beteiligungsgesellschaft einer gewöhnlichen australischen Aktie technisch wie rechtlich gleichgestellt.

Im Fall der BKI Investment Company diente das eingeworbene Kapital auch zur Übernahme des zu diesem Zeitpunkt auf 170 Millionen australische Dollar taxierten Beteiligungsportfolios von Brickworks Limited. Dieses hatte das Bau- und Immobilienunternehmen bereits in den 1980er Jahren systematisch mit dem Ziel aufgebaut „langfristig in ein Portfolio kontinuierlich wachsender Unternehmen zu investieren und einen stetig steigenden Einkommensstrom zu produzieren". Die Zielsetzung belegt, dass Einkommensinvestoren nicht nur unter Privatanlegern zu finden sind, sondern auch in Unternehmen, die sich damit eine zusätzliche, im Idealfall unabhängig von operativen Geschäft sprudelnde Ertragsquelle erschließen.

An diesem Ansatz hat die BKI Investment Company unbeirrt bis heute festgehalten. Aktuell umfasst das Portfolio 46 dividendenstarke australische Bluechips, die sich über alle bedeutenden Wirtschaftssektoren des Kontinents erstrecken. Die 25 größten Positionen machen knapp 90 Prozent des Portfolios aus, neben Finanztiteln dominieren hierbei vor allem Infrastrukturunternehmen, beide Branchen sind in Australien für ihre traditionell hohen Ausschüttungen bekannt. Unter den Finanztiteln befinden sich die Schwergewichte unter den Kreditinstituten des Kontinents wie die Commonwealth Bank, National Australia Bank und Westpac Banking Corporation als auch Dienstleister wie die Australian Securities Exchange selbst oder die Vermögensverwaltung Magellan Financial Group.

Auch zwischen den Infrastrukturunternehmen befinden sich teilweise international bekannte Firmen wie etwa der Flughafenbetreiber Sydney Airport, das Telekommunikationskonzern Telstra Corporation oder die hier bereits ausführlich besprochene Transurban Group, ein Betreiber von Mautstraßen, Tunneln und

Brücken. Mit der InvoCare Limited hält die BKI Investment Company übrigens auch Anteile an einem börsennotierten Bestattungsunternehmen sowie dem größten privaten Betreiber von Friedhöfen sowie Krematorien in Australien – was letztlich auch in die Kategorie der Infrastruktur oder wahlweise Spezialimmobilien fällt.

Bei der Verwaltung des gewissermaßen ererbten Portfolios hat die BKI Investment Company eine ruhige Hand bewiesen und eine ausgesprochene Kaufen-und-Halten-Strategie gepflegt. Das Management ist zwar offiziell aktiv, das heißt es wird nicht wie bei einem ETF ein irgendwie gearteter Index passiv nachgebildet, verdient allerdings die Bezeichnung nicht. Mit konstant unter zehn Prozent ist die jährliche Umschichtungsrate („portfolio turnover rate") äußerst niedrig.

Das schlägt sich in der Kursentwicklung der Beteiligungsgesellschaft nieder. Das verwaltete Nettovermögen beläuft sich mittlerweile auf etwa 1,2 Milliarden australische Dollar, die annualisierte Rendite aus Kursgewinnen und Dividenden beläuft sich seit Gründung auf knapp elf Prozent pro Jahr. Gut die Hälfte davon machten zuletzt die Ausschüttungen aus, bezogen auf den aktuellen Kurs von 1,60 australischen Dollar beträgt die Dividendenrendite genau 6,0 Prozent pro Jahr. Zahlungen werden halbjährlich, jeweils im Februar und August geleistet, wobei das Unternehmen anstrebt, zwischen 90 und 95 Prozent des zahlungswirksamen Gewinns („net operation income", NOI) an die derzeit 18.000 Anteilseigner auszuschütten. Beim NOI handelt es sich vor allem um die selbst vereinnahmten Dividenden. Bemerkenswert ist ferner, dass die BKI Investment Company vollständig auf den Einsatz von Fremdkapital verzichtet – und das seit jeher! In dieser Kombination nimmt sie unter den aktuell gut 110 an der ASX notierten LICs und LITs mit in Summe etwa 45 Milliarden australischen Dollar Marktkapitalisierung eine besondere Stellung ein.

Wie bei börsennotierten Beteiligungsgesellschaften üblich liegt die Marktkapitalisierung meist über oder unter dem inneren Wert oder Nettoinventarwert („net asset value", NAV) des Portfolios. Im ersten Fall wird das Unternehmen mit einem Aufschlag (Agio), im zweiten Fall mit Abschlag (Disagio) gehandelt. Aktuell notiert die BKI Investment Company mit einem minimalen Abschlag von acht Millionen Euro oder 0,66 Prozent auf das verwaltete Vermögen. Hohe Auf- oder Abschläge von zum Teil mehr als zehn Prozent, wie bei CEFs durchaus geläufig, sind hier unüblich.

Konditionen und Besteuerung

Als Aktie im rechtlichen wie technischen Sinn unterliegt die BKI Investment Company weder der MiFID-II-Richtlinie noch der neuen Fondsbesteuerung. Der Titel sollte daher für sämtliche Anleger in der EU problemlos handelbar sein. Als institutionelle Hürde könnte sich der Broker, als ökonomische Hürde die Ordergebühren erweisen. Tatsächlich wird die Beteiligungsgesellschaft ausschließlich an der Heimatbörse ASX gehandelt, das heißt der Titel verfügt über keinerlei Zweitnotiz. Nun hat allerdings nicht jeder Broker die australische Leitbörse im Programm und wenn, dann sind die Kauf- respektive Verkaufskosten aufgrund des relativ exotischen Handelsplatzes vergleichsweise hoch.

Einmal mehr lässt sich der Titel äußerst preisgünstig über die Wiederverkäufer des internationalen Wertpapiermaklers Interactive Brokers wie beispielsweise CapTrader oder LYNX Broker handeln. Ein Auftrag über australische Wertpapiere schlägt dort lediglich mit 0,1 Prozent des Ordervolumens, mindestens jedoch zehn australischen Dollar, zu Buche. Zu deutlich höheren Kosten ist der Titel darüber hinaus beispielsweise auch über die Comdirect Bank erhältlich. Diese belaufen sich beim deutschen Platzhirsch auf 7,90 Euro zuzüglich 0,25 Prozent des Ordervolumens. Liegt dieses unter 2.000 Euro fallen mindestens 12,90 Euro an. Hinzu kommen allerdings noch fremde Spesen, welche die Kosten in die Höhe treiben.

Nicht schrecken lassen sollten sich Anleger indes vom optisch niedrigen Kurs. Das hat Down Under eine gewisse Tradition und ein Großteil der an der ASX gelisteten Papiere notiert einstellig, zahlreiche von ihnen sogar im Cent-Bereich ganz ohne von einem hohen Kursniveau gefallen zu sein. Eventuell hat die Optik auch dazu beigetragen, die Aktie als Anlageklasse gerade für Privatanleger attraktiv zu verpacken. Erfreulich niedrig sind die Verwaltungskosten. Die Managementvergütung („management expense ratio", MER) beläuft sich gerade einmal auf 0,17 Prozent des verwalteten Vermögens pro Jahr. Das ist deutlich weniger als zahlreiche ETFs auf australische Aktien wie beispielsweise der iShares MSCI Australia UCITS ETF des Marktführers BlackRock, der 0,5 Prozent pro Jahr berechnet – wobei hier neben den Managementkosten auch die Betriebskosten des Fonds enthalten sind, die jedoch den weitaus geringeren Teil der Gesamtkosten ausmachen. Die niedrige MER der BKI Investment Company ist sicherlich auch der ausgesprochenen Passivität des Managements und Größe des Portfolios geschuldet – zum Wohle der Anleger.

Auch das leidige Thema Quellensteuern lässt sich schnell abhaken – es fallen nämlich gar keine an. Das liegt allerdings nicht daran, dass Australien wie beispielsweise Großbritannien keine solche erhebt. Vielmehr unterliegen LICs aufgrund ihres Status als Aktiengesellschaft der regulären Unternehmensbesteuerung und müssen 30 Prozent Körperschaftssteuer auf ihre ordentlichen Erträge zahlen. Hierzu gehören beispielsweise sämtliche Dividendeneinnahmen, die somit erst nach dem fiskalischen Schwundgang ausgeschüttet werden können. Da diese also bereits besteuert wurden, besteht natürlich keine Notwendigkeit, sie (ein weiteres Mal) zu besteuern. Nichts desto trotz wird für heimische Investoren analog zu einer deutschen Aktiengesellschaft auf diese Erträge Abgeltungssteuer fällig. Australische Aktionäre haben es da besser, sie erhalten eine Steuergutschrift in Höhe der auf sie anteilig entfallenden Körperschaftssteuer, um eine doppelte Besteuerung zu vermeiden. Generell sind darüber hinaus bestimmte außerordentliche Erträge einer Beteiligungsgesellschaft, so beispielsweise realisierte Kursgewinne, wiederum steuerbegünstigt, sofern die Haltezeit mehr als zwölf Monate beträgt – auch dieser Umstand fördert eine eher langfristige Ausrichtung des Managements.

Chancen und Risiken

Mit der BKI Investment Company setzt sich ein Anleger in voller Breite den Chancen und Risiken aus, die aus der Wirtschafts- und Währungsentwicklung Australiens hervorgehen. Wirtschaftlich betrachtet steht das Land aktuell hervorragend da, vor allem auch dank der enormen wirtschaftlichen Entwicklung, welche die Pazifikregion in den letzten Jahrzehnten aller temporären Einbrüche zum Trotz genommen hat. Hier konnte Australien, flächenmäßig das sechstgrößte Land der Welt und zudem reichlich mit Bodenschätzen gesegnet, als Rohstofflieferant der asiatischen Tiger profitieren.

Die enge Bindung an Asien ist jedoch Fluch und Segen zugleich. Einerseits macht es den Kontinent beziehungsweise deren Unternehmen ein Stück weit unabhängig von den Entwicklungen in Amerika und Europa. Das wiederum erlaubt es beispielsweise deutschen Anlegern, ihr Aktienportfolio effizient um einen Wirtschafts- und Währungsraum zu diversifizieren. Gleichwohl hat auch der australische Aktienmarkt die markanten globalen Kursstürze in der Vergangenheit stets mitgemacht. Diese spiegeln sich direkt in der Kursentwicklung der BKI Investment Company wider. Ausgehend von der Erstemission zu unter einem australischen Dollar ging es bis auf 1,56 australische Dollar am Vorabend der Weltfinanzkrise hoch. Im nachfolgenden Crash verlor der Titel knapp 50 Prozent und lag damit ziemlich genau im Schnitt der großen Aktienmärkte. Auch seither ging es mehr oder weniger im Gleichklang mit der positiven Kursentwicklung an den Börsen der Industrienationen aufwärts.

Andererseits macht die Bindung an Asien sowie die vergleichsweise hohe Rohstoffabhängigkeit die australische Volkswirtschaft anfällig für regionale Krisen sowie den Preisverfall der vorwiegend geförderten Bodenschätze. Auch das lässt sich ein Stück weit am Kurs der BKI Investment Company ablesen, der in der zweiten Hälfte der 2010er Jahre faktisch auf der Stelle trat, just in dem Zeitraum also, in dem fallende Notierungen die Rohstoffmärkte prägten, von denen sie sich bis heute zum Teil noch nicht wieder erholt haben. Dennoch kann Australien zumindest im Gegensatz zu Europa mit einigen weiteren strukturellen Vorteilen aufwarten. Zum einen verfügt der Kontinent über einen homogenen Sprach-, Kultur- und Währungsraum, zum anderen ist die Staatsverschuldung mit 40 Prozent des Bruttoinlandprodukts vergleichsweise niedrig und die Inflationsrate mit 1,5 Prozent mäßig. Zudem wurde der Bankensektor von der Weltfinanzkrise nicht in Mitleidenschaft gezogen, die Australien übrigens rezessionsfrei überstand. Ein langfristig oft unterschätzter Faktor für das ökonomische und damit auch fiskalische Wohlergehen ist die Bevölkerungsentwicklung, die Quantität und Qualität des Humankapitals, aus welcher letztendlich die Wirtschaftskraft resultiert. Gerade hier kann Australien im Vergleich zu weiten Teilen der westlichen Welt punkten. Zwar ist die Reproduktionsrate der Australierinnen nicht ganz bestandserhaltend, der hierfür nötige Faktor von 2,1 Kindern pro Frau wird aber nur knapp verfehlt. Für eine wachsende Bevölkerung sorgen die per Saldo 8,59 Einwanderer pro 1.000 Einwohner und Jahr (weltweit Rang 15). Diese werden zudem im internationalen Kampf um die besten Talente anhand eines knallharten Punktesystems verlesen.

Abschließend sei darauf hingewiesen, dass Anleger, die in die BKI Investment Company investieren, keine lupenreine Anlage in australischen Dollar tätigen. Das Portfolio der Gesellschaft ist mit zahlreichen Konzernen bestückt, die außerhalb des Kontinents beziehungsweise global tätig sind und daher Umsätze und Zahlungsströme in diversen anderen Währungen verbuchen, auch wenn der australische Dollar letztlich die Umrechnungswährung ist. Somit handelt es sich zumindest teilweise um einen internationalen Währungskorb, den Anleger mit der Aktie erwerben.

Zusammenfassung und Stammdaten

Ausgewählte Australische Aktien gehören aufgrund der Dividendenkultur meines Erachtens in jedes Depot eines breit aufgestellten Einkommensinvestors. Wer die Auswahl nicht selbst vornehmen und den Markt über eine Sammelanlage bespielen möchte, ist mit der BKI Investment Company bestens bedient. Der faktisch passive Ansatz, die niedrigen Kosten sowie die reine Eigenkapitalfinanzierung und das breit diversifizierte Portfolio prädestinieren den Titel als Basisinvestment. Eine zufriedenstellende Ausschüttungsrendite und kontinuierliche Dividendenhistorie runden das Profil ab – nur ein einziges Mal, im Jahr 2010, wurde die ordentliche Dividende aufgrund der nachwirkenden Weltfinanzkrise um gut acht Prozent gesenkt. Daneben zahlt die BKI Investment Company in unregelmäßigen Abständen eine erfolgsabhängige Sonderdividende.

Ihrem eigenen Anspruch, „einen stetig steigenden Einkommensstrom für die Anteilseigner [...] auf Basis eines langfristig ausgerichteten Portfolios zu generieren" ist die Gesellschaft jedenfalls bisher fast durchgängig nachgekommen. Handelbar ist die BKI Investment Company an der ASX über das gleichlautende Kürzel BKI. Die Internationale Wertpapierkennnummer (ISIN) lautet AU000000BKI3.

Blogbeitrag

https://nurbaresistwahres.de/cashtest-bki-investment-company
vom 20.09.2019

9. Cashtest – Henderson Far East Income Limited

Einstieg und Überblick

Bei der heutigen Wertpapiervorstellung komme ich dem Wunsch eines Lesers nach. Dieser hatte sich Mitte Oktober mit folgender Frage an mich gewandt: „Ich hätte den Vorschlag, asiatische und/oder afrikanische Anlagen zu beleuchten. Nach der prognostizierten Bevölkerungsentwicklung und wirtschaftlichen Entwicklung (Hans Rosling) sind dies Zukunftsmärkte. Wie sieht es mit für Einkommensinvestoren interessanten Anlagemöglichkeiten aus?"

Während ich die Einschätzung in Bezug auf Asien und hier insbesondere den Pazifikraum teile, bin ich hinsichtlich Afrika skeptisch. Nicht zuletzt die Lektüre von „Afrika wird armregiert" des intimen Kenners Volker Seitz nährt Zweifel, ob der schwarze Kontinent in absehbarer Zeit auf die Beine kommt. Selbst Südafrika, wo noch 1967 erstmal ein menschliches Herz erfolgreich transplantiert wurde, verkommt zum „gefallenen Staat". Ebenfalls lesenswert ist übrigens „Factfulness", das Vermächtnis des besagten und 2017 verstorbenen Hans Rosling, in dem der Mediziner den gigantischen Wohlstandsschub, den die Welt als Ganzes seit Beginn der Industriellen Revolution erfahren hat, mit statistischem Material untermauert. Dieses ist auch grafisch aufbereitet bei dem von ihm gegründeten Gapminder-Institut abrufbar.

Zurück zum Thema. Welche Möglichkeiten haben Einkommensinvestoren, an einer etwaigen überproportional positiven Wirtschafts- beziehungsweise Börsenentwicklung im asiatischen Raum zu partizipieren? Grundsätzlich bieten sich dafür Sammelanlagen an, welche die spezifischen Risiken, die sich aus der Direktanlage in asiatische Wertpapiere speisen, breit streuen. Mehr dazu später. Um eine solche handelt es sich bei der britischen Henderson Far East Income Limited, die trotz ihres letzten Namenszusatzes als reine Investmentholding aktiv ist.

Historie und Kennzahlen

Beginnen möchte ich mit einer rechtlichen Einordnung. Juristisch firmiert die Holding als Limited, dem britischen Gegenstück zur deutschen Gesellschaft mit beschränkter Haftung (GmbH). Operativ hat sie den Status einer „investment company" inne, deren einziger Zweck in der Anlage treuhänderisch verwalteter Mittel besteht. Hierbei trifft das britische Recht, wie so viele andere von ihm beeinflusste Jurisdiktionen, zwei grundsätzliche Unterscheidungen. Dies sind zum einen die „open-ended investment company" beziehungsweise der „open-ended unit trust" und der „open-ended fund". Trotz Unterschieden im Detail sind sie am ehesten mit den heimischen, nicht an einer Börse notierten Investmentfonds zu vergleichen. Die Ausgabe und Rücknahme von Anteilen erfolgt hier wie da direkt über die entsprechende Gesellschaft respektive „company", „trust" oder „fund", wobei der Preis dem Nettoinventarwert oder Net Asset Value (NAV), also der Nettosumme des verwalteten Vermögens zum Zeitpunkt der Aus- oder Rückgabe, entspricht.

Zum anderen fällt in die Kategorie der „investment company" die „closed-ended investment company" beziehungsweise der „closed-ended unit trust". Namentlich wie rechtlich entsprechen sie dem an dieser Stelle schon mehrfach besprochenen US-amerikanischen Closed-end Fund (CEF). Hierbei handelt es sich um eine ausschließlich börsennotierte Anlagegesellschaft, eine Ausgabe und Rücknahme von Anteilen über den Emittenten ist nicht möglich, der Preis je Anteil bemisst sich ausschließlich gemäß Angebot und Nachfrage an der Börse. Darauf weist das „closed-ended" hin, was nichts mit den in Deutschland verbreiteten geschlossenen Fonds zu tun hat, sondern mit der Tatsache, dass die Anlagegesellschaft in einer Zeichnungsphase Investitionsmittel einwirbt und danach „geschlossen" sowie an die Börse gebracht wird. Neues Kapital können sich die „geschlossenen" Anlagevehikel ausschließlich durch eine Kapitalerhöhung, also die Emission neuer Anteile, beschaffen.

Bei die Henderson Far East Income Limited handelte es sich um genau eine solche „closed-ended investment company". Gegründet wurde die Anlagegesellschaft im Januar 2006 von der britischen Vermögensverwaltung Janus Henderson Investors, der Börsengang erfolgte kurz vor Weihnachten desselben Jahres. Zum 01. September 2018 wurde die „company" in einen „unit trust" umgewandelt; nicht zuletzt, um ihren Status als Hochdividendenwert zu festigen (siehe hierzu weiter unten). Der Emittent und Verwalter Henderson ist ursprünglich im Jahr 1934 gegründet worden, um den Nachlass von Sir Alexander Henderson, 1st Baron Faringdon, zu verwalten. Ab Ende der 1960er Jahre erweiterte die Gesellschaft ihr Tätigkeitsspektrum um die Betreuung privater wie institutioneller Anleger und expandierte international, im Jahr 2017 fusionierte sie mit der US-amerikanischen Investmentfirma Janus Capital Group, die bis dato immerhin im S&P 500 gelistet war.

Hauptsitz des fusionierten Unternehmens ist London, handelbar ist der Vermögensverwalter übrigens unter der internationalen Wertpapierkennnummer (ISIN) JE00BYPZJM29 an der New York Stock Exchange (NYSE), der London Stock Exchange (LSE) sowie zahlreichen deutschen Börsenplätzen. Die mehr als 2.000 Mitarbeiter sind weltweit auf 28 Niederlassungen verteilt und verwalten aktuell Vermögenswerte von umgerechnet 316 Milliarden Euro.

Die Henderson Far East Income Limited ist einer von zwölf börsennotierten Unit Trusts unterschiedlichster Ausrichtung, welche der englische Ableger der Janus Henderson Group neben 82 klassischen Investmentfonds betreut. Sein Investitionsspektrum umfasst Aktien des asiatisch-pazifischen Raums ohne Japan, bis zu 20 Prozent des verwalteten Vermögens dürfen auch in andere Wertpapiere angelegt werden. Das aktive Management strebt dabei ein diversifiziertes Portfolio sowohl ausschüttungsstarker und -stabiler Titel als auch solcher mit Dividendensteigerungspotenzial aus prosperierenden Volkswirtschaften an.

Derzeit umfasst das Portfolio 45 Positionen. Allein ein Drittel sind Finanzwerte, jeweils mit zehn bis zwanzig Prozent sind die Branchen Telekommunikation,

Technologie und Konsumgüter vertreten. Die größten Werte mit je mindestens drei Prozent des verwalteten Vermögens sind Taiwan Semiconductor Manufacturing (Halbleiterherstellung, Taiwan), HKT Trust & HKT (Telekommunikation, Hongkong), Macquarie Korea Infrastructure Fund (Mautstraßen, Korea), Digital Telecommunications Infrastructure Fund (Telekommunikation, Thailand) und Treasury Wine Estates (Weinhandel, Australien). Im Ländermix stechen China mit knapp 21, Australien mit etwa 16 und Taiwan mit gut 14 Prozent hervor. Singapur, Südkorea, Thailand und Hongkong machen jeweils zwischen sieben und zwölf Prozent aus.

Bereits die größten Beteiligungen lassen den Hang des Managements zu dividendenaffinen Wertpapieren mit stabiler Zahlungshistorie erahnen. Dieser spiegelt sich in einer bisher astreinen Dividendenhistorie der Henderson Far East Income Limited wider. Seit der Erstnotiz wurde die ordentliche Dividende von 8,25 Great Britain Pence (GBp) fast kontinuierlich gesteigert, wobei die Zahlungen in den letzten 11 Jahren einmal konstant belassen und zehnmal erhöht wurden, zuletzt auf 21,60 GBp pro Jahr. Das entspricht beim aktuellen Kurs von 364 GBp einer annualisierten Dividendenrendite von 6,1 Prozent.

Ausschüttungen werden übrigens quartalsweise vorgenommen. Bemerkenswert ist hierbei, dass die Dividende auch über die gesamte Weltfinanzkrise hinweg mindestens gehalten werden konnte, trotz des hohen Anteils an Schwellenländeraktien. Ausgeschüttet werden übrigens vor allem die selbst vereinnahmten Dividenden und Zinsen, der sogenannte „investment income". Mindestens 85 Prozent davon muss ein Unit Trust an seine Anteilseigner auszahlen, um seinen Status beanspruchen zu können. Das lohnt sich, winkt im Gegenzug doch die Steuerfreiheit auf Dividendenerträge!

Anleger der ersten Stunde können sich neben den Dividenden auch über die bisherige Kursentwicklung freuen. Hier dürfte sich auch bemerkbar gemacht haben, dass die Henderson Far East Income Limited Ausschüttungen grundsätzlich nicht aus der Substanz getätigt und Kursgewinn im Unternehmen belassen hat.

Von 232 GBp ging es nach der Emission unter den (fast) marktüblichen Schwankungen auf den heutigen Kurs um 57 Prozent nach oben. Der Absturz im Zuge der Weltfinanzkrise fiel mit 38 Prozent vergleichsweise mäßig und deutlich niedriger als die etwa 50 Prozent aus, die Standardwerte weltweit im Durchschnitt einbüßten.

Wie bei börsennotierten Holdinggesellschaften üblich liegt die Marktkapitalisierung meist über oder unter dem NAV des Portfolios. Im ersten Fall wird das Unternehmen mit einem Aufschlag (Agio), im zweiten Fall mit einem Abschlag (Disagio) gehandelt. Aktuell notiert die Henderson Far East Income Limited mit einem kleinen Aufschlag von 2,4 Prozent auf das verwaltete Vermögen. Dieses beläuft sich zurzeit auf knapp 480 Millionen Great Britain Pound (GBP), etwa 10 Millionen GBP weniger als die Marktkapitalisierung, verteilt auf gut 132 Millionen umlaufende Anteile. Seit der Erstnotiz schwankt die Differenz von Marktkapitalisierung zu NAV fast durchgehend zwischen minus 2,0 und plus 4,0 Prozent.

Konditionen und Besteuerung

Wie bei englischen Aktien üblich, erfolgen monetäre Angaben in Great Britain Pence, nicht in Great Britain Pound (GBP) beziehungsweise britischen Pfund. Kontinentaleuropäische Anleger sollten sich also nicht von den hohen Nominalkursen für den Handel der Henderson Far East Income Limited an der LSE abschrecken lassen. Zumal die Heimatbörse der einzige Handelsplatz für den Titel ist, der im Gegensatz zum Emittenten über keine Zweitnotiz verfügt.

Handelbar ist der Trust über die heimischen Ableger von Interactive Brokers wie beispielsweise CapTrader und LYNX Broker pauschal ab 8,00 GBP zuzüglich Stempelsteuer in Höhe von 0,5 Prozent des Ordervolumens. Umgerechnet auf meine persönliche Kostenschmerzgrenze von einem Prozent desselben lohnt also ein Kauf beziehungsweise Verkauf ab 840,00 GBP beziehungsweise aktuell circa 230 Anteilen. Die Stempelsteuer oder „stamp duty" wird auf die Käufe der meisten Aktien von Privatanlegern erhoben und ist ebenfalls eine britische Spezialität, ein Relikt aus dem 18. Jahrhundert zur Konsolidierung des Haushalts nach dem kostenintensiven Siebenjährigen Krieg.

Technisch betrachtet gilt die Henderson Far East Income Limited als Aktie. Als solche sollte sie weder Handelseinschränkungen wie der MiFID-II-Richtlinie noch der neuen Fondsbesteuerung unterliegen. Mag die Stempelsteuer auch ein kleines Ärgernis sein, die Quellensteuer dürfte den Schnitzer aus Anlegersicht kompensieren. Denn als eines von wenigen Länder weltweit verzichtet Großbritannien auf dieses Instrument. Dividenden werden an ausländische Aktionäre also brutto für netto ausgeschüttet und ausschließlich der persönlichen Besteuerung unterworfen, bei heimischen Anlegern also der Abgeltungssteuer. Besonders interessant sind britische Einzeltitel und Sammelanlagen daher für Investoren, bei denen keine Steuern auf die Kapitaleinkünfte anfallen. Für sie lohnt sich gegebenenfalls ein Blick auf die „closed-ended" Produkte von Henderson beziehungsweise allen Anbietern jenseits des Ärmelkanals, die sich in der Association of Investment Companies (AIC) zusammengeschlossen haben.

Damit verbleibt noch eine wesentliche Kostenposition, nämlich die Verwaltungskosten des Trusts. Auch in dieser Hinsicht entsprechen britische Unit Trusts weitgehend klassischen, aktiv gemanagten Investmentfonds. Die laufenden Gesamtkosten oder „ongoing charges" schwanken seit jeher um ein Prozent des verwalteten Vermögens. Das ist innerhalb der Vergleichsgruppe ein durchaus mäßiger Wert, der allerdings in etwa doppelt so hoch ausfällt wie bei passiv gemanagten Exchange Traded Funds (ETFs), die sich auf Branchen oder Regionen spezialisiert haben. Die „Passivität" rührt daher, dass ETFs automatisiert einen Index nachbilden und daher auf einen wesentlichen Teil des fondstypischen Kostenapparats, nämlich das Management, verzichten können.

Ein solcher und zudem MiFID-II-konformer ETF ist beispielsweise der iShares Asia Pacific Dividend UCITS ETF, auf den ich bereits kurz in einem früheren Blogbeitrag eingegangen bin. Gemäß Prospekt fährt der ETF fast exakt denselben Ansatz wie die Henderson Far East Income Limited. Das Portfolio umfasst 30

Dividendentitel, die Ausschüttungsrendite beläuft sich auf 5,70 Prozent und liegt damit fast gleichauf, die Gesamtkostenquote ist allerdings mit 0,59 Prozent deutlich niedriger. Zudem wurde er praktischerweise ebenfalls im Jahr 2006 ins Leben gerufen. Wie haben sich die beiden Konkurrenten im direkten Vergleich über ihre bisherige Historie entwickelt?

Tatsächlich schlägt die teurere Henderson Far East Income Limited den günstigeren iShares Asia Pacific Dividend UCITS ETF bereits im reinen Kursvergleich über alle relevanten Zeiträume, in diesem Fall sechs Monate, ein Jahr, fünf Jahre und 13 Jahre, zum Teil recht deutlich. Hinzu kommt, dass die Ausschüttungsrendite des britischen Trusts meist höher ausfiel als die des irischen ETFs. Das macht sich in der kumulierten Gesamtrendite einschließlich wiederangelegter Dividenden, dem Total Return, bemerkbar. Diese betrug beim Trust über die letzten fünf Jahre insgesamt 53,7 und über die letzten 10 Jahren 127 Prozent. Der ETF liegt mit nur 6,75 beziehungsweise 64,54 Prozent deutlich drunter. Wie lässt sich diese Renditelücke trotz erheblich niedrigerer Kosten erklären?

Vermutlich ist diese weniger auf das überlegene Management der Henderson Far East Income Limited zurückzuführen – auch wenn sich deren Erfahrung und Kontinuität positiv bemerkbar gemacht haben dürfte (siehe den nächsten Abschnitt) –, als vielmehr auf die spezielle Indexkonstruktion. So bildet der ETF von iShares eins zu eins den Dow Jones Asia/Pacific Select Dividend 30 Index des Anbieters Standard & Poor's (S&P) nach. Dieser filtert sämtliche Aktien des asiatisch-pazifischen Raums nach festen Vorgaben. Diese zielen neben einer hohen Liquidität vor allem auf die um qualitative Faktoren bereinigte Dividendenrendite ab. Die qualitativen Faktoren wiederum sind nötig, um Einmaleffekt wie beispielsweise eine üppige Sonderdividende oder aber hohe Dividendenrenditen in Folge gefallener Kurse auszusortieren. Zur Erinnerung: Die Dividendenrendite errechnet sich aus der Dividende einer vergangenen Periode geteilt durch den aktuellen Kurs. Fällt der Kurs aufgrund einer absehbar nachteiligen Unternehmensentwicklung, steigt mathematisch zwingend die Dividendenrendite. Auf die daraus resultierende Abfolge aus Umsatz-, Gewinn- und Ausschüttungsrückgang reagiert die Kennzahl mit mehrmonatigem Zeitverzug. Genau dieses Trägheitsmoment führt oft zu dem Phänomen, dass im Niedergang befindliche Unternehmen exakt nach Eintritt der Umbruchphase ihre höchsten Dividendenrenditen ausweisen.

Zumindest gegen diesen Umbruch-Trägheitseffekt scheint das Reglement des Dow Jones Asia/Pacific Select Dividend 30 Index keine ausreichende Vorsorge getroffen zu haben, so dass zumindest ein Teil des Abschneidens auf eine systematische Negativauswahl zurückzuführen sein könnte. Als weiteren Knackpunkt scheint die Indexberechnung zumindest in den letzten Jahren australische Titel systematisch zu bevorzugen und so zur Klumpenbildung beigetragen zu haben. So machen Aktien aus Down Under derzeit knapp 60 Prozent in der Ländergewichtung aus, was kaum mehr als diversifiziert betrachtet werden kann und das Chance-Risiko-Profil in Richtung dieses Währungs- und Wirtschaftsraums verschiebt. Im Gegenzug sind Beteiligungen aus vielen anderen wichtigen Ländern der Region wie China, Indonesien, Südkorea, Taiwan oder Thailand überhaupt nicht vertreten.

Chancen und Risiken

Eine Investition in die Henderson Far East Income Limited kommt einem gemischten Portfolio fernöstlicher Dividendenaktien aus Industrie- und Schwellenländern gleich. Aufgrund des hohen Anteils an Aktien aus Tiger- und Pantherstaaten sollten Rendite wie Risiko langfristig höher sein als bei reinen Industrieländerinvestments. Risikodämpfend dürfte im Gegenzug die Konzentration auf ausschüttungsstarke Titel wirken, die sich ihre Dividendenpolitik nicht zuletzt aufgrund ihres Reifegrads und etablierten Geschäftsmodells leisten können. Ein Blick auf die oben aufgeführten fünf größten Positionen bestätigt diese Vermutung – ein asiatischer Telekommunikationskonzern könnte sich in Zukunft durchaus als defensiver erweisen als ein europäischer Autobauer.

Ebenfalls nicht von der Hand zu weisen ist die begründete Weissagung, dass es sich beim asiatisch-pazifischen Raum um eine auch in Zukunft boomende Weltregion handelt. Neben der immensen Bevölkerungszahl von etwa 1,6 Milliarden Menschen, Tendenz weiter steigend, sprechen die etablierten Institutionen wie auch die kulturelle Prägung für eine Fortsetzung des Trends. Dieser hat durchaus das Potenzial, die Region zur ökonomisch führenden der Welt mit China als Epizentrum aufsteigen zu lassen. Andererseits erinnern bestimmte Entwicklungen, allen voran Chinas totalitär anmutendes Sozialkredit-System an dystopische Klassiker der Literaturgeschichte. Zudem ist gerade Südostasien nicht frei von gesellschaftspolitischen Spannungen.

Wie sehr sich zudem lokale Fehlentwicklungen zu einem regionalen und dann weltweiten Crash auswachsen können, hat im Jahr 1997 die sogenannte Asienkrise unter Beweis gestellt, gleichzeitig der erste, dem ich als aktiver Aktionär beiwohnen durfte. Auch wenn weltweit die Kurse purzelten, traf es den ost- und südostasiatischen Raum im Zentrum des Zyklons besonders hart. Gleichzeitig benötigten die betroffenen Länder Jahre, um sich hiervon wieder zu erholen. Andererseits boten die letzten einschneidenden Krisen immer wieder gute Einstiegsmöglichkeiten, insbesondere auch bei Sammelanlagen. Deren nur mit blanker Panik zu erklärendes Disagio betrug während der Weltfinanzkrise beispielsweise bis zu 70 Prozent – ohnehin stark im Preis gefallene Aktien im Gegenwert von einem Euro konnten seinerzeit über Fonds tatsächlich für 30 Cent erworben werden! Im Umkehrschluss dürfte der asiatisch-pazifische Raum von europäischen Währungs- und Wirtschaftskrisen in der Regel nur mäßig tangiert werden, was heimischen Anlegern erlaubt, ihr Vermögen ein Stück weit unabhängig vom Heimatmarkt zu diversifizieren.

Gerade im Fall asiatischer Wertpapiere bieten sich hierfür wie eingangs erwähnt Sammelanlagen an. Das spezielle Risiko einer Direktanlage liegt in der schlichten Tatsache begründet, dass die Publikations- und Transparenzstandards nicht überall westlichen Gepflogenheiten entsprechen. Die ohnehin für Anleger schwierige

Aufgabe der Unternehmensanalyse beziehungsweise Due-Diligence-Prüfung wird hier deutlich erschwert bis unmöglich gemacht. Insbesondere chinesische Titel erweisen sich selbst für Profis als „Blackbox", wie Dirk Müller in seinem Buch „Machtbeben" anschaulich dokumentiert hat.

Hier bietet die Henderson Far East Income Limited mit einer Streuung über mehrere Länder einen gewissen Schutz. De facto kaufen Anleger damit auch einen entsprechend der Länderaufteilung gewichteten Währungskorb. Zudem kann sich die Gesellschaft auf einen ausgewiesenen Kenner der Materie stützen. Der Fondsmanager Mike Kerley ist seit 1993 auf den asiatischen Wertpapiermärkten aktiv und betreut die Holding federführend seit 2007. Zumindest bisher hat er stets darauf geachtet, den Deckungsgrad der Ausschüttungen aus dem „invest income", die sogenannte „dividend coverage ratio", über 100 Prozent und die Fremdkapitalquote niedrig zu halten. Letztere beträgt derzeit gerade einmal sechs Prozent bezogen auf das verwaltete Vermögen. Bis zu 30 Prozent erlauben die Statuten des Trusts.

Zusammenfassung und Stammdaten

Mit der Henderson Far East Income Limited erwerben Anleger einen konservativ gemanagten Hochdividenden-Aristokrat und verlässlichen Dividendenzahler, der einen breiten Zugang zu relativ exotischen und den europäischen Anlegern eher unzugänglichen Märkten zu akzeptablen Kosten ermöglicht. Zudem weiß das Unternehmen mit einem erfahrenen Management und einer kurz- wie mittelfristig überlegenen Gesamtentwicklung gegenüber Anlagealternativen zu überzeugen. Anleger, die ihr Hochdividenden-Weltportfolio um eine Schwerpunktsetzung im asiatisch-pazifischen Wirtschaftsraum bereichern möchten, finden im britischen Trust ein solides Grundlageninvestment. Handelbar ist die Henderson Far East Income Limited an der LSE über das Kürzel HFEL. Die Internationale Wertpapierkennnummer (ISIN) lautet JE00B1GXH751.

Blogbeitrag

https://nurbaresistwahres.de/cashtest-henderson-far-east-income-limited

vom 15.11.2019

Rubrik: Geldgespräch

1. Geldgespräch – Johannes Ranscht von Seedmatch

Die deutschen Pioniere des Crowdinvesting

Die Zeit rund um die Invest ist immer auch eine Zeit der Kontaktaufnahme und Kontaktpflege zu alten und neuen Finanzdienstleistern. Obwohl erst 2011 gegründet, gehört die Seedmatch GmbH zu den alten Hasen im hierzulande noch recht jungen Crowdinvesting-Sektors. Bereits im Vorfeld der Finanzmesse hatte ich die Gelegenheit, das Geschäftsmodell sowie Team des Dresdner Unternehmens kennen zu lernen und mich mit dessen Geschäftsführer Johannes Ranscht zu den Rahmenbedingungen und Besonderheiten auszutauschen, die der Pionier seinen Investoren bietet. Dazu sei vorab gesagt: Gerade für Einkommensinvestoren bietet Seedmatch interessante außerbörsliche Beteiligungen.

Sein Handwerk hat Johannes Ranscht übrigens von der Pike auf gelernt. Vor Übernahme der Geschäftsführung im Jahr 2017 war er bereits drei Jahre als Dealflow-Manager für den Vertrieb und die Akquise bei Seedmatch zuständig. In dieser Funktion repräsentierte er die Plattform auf Messen und Events, akquirierte Startups und junge Wachstumsunternehmen für ein Crowdfunding und betreute sie vor, während und nach ihrer Crowdfunding-Kampagne. Als Gründer und Geschäftsführer der eumila GmbH konnte er zuvor bereits seine diesbezüglichen Qualifikationen unter Beweis stellen.

Wer sich vorab mit dem Thema Crowdinvesting vertraut machen möchte, kann die Grundlagen dieser jungen Finanzierungsform im Gastbeitrag von Raphael Stange und Paul Scheffler vom Finanzblog „kreativ-investieren" nachlesen.

Unser Interview

Luis Pazos: Seedmatch gilt als der Pionier des Crowdinvesting in Deutschland. Wie wird man zur Speerspitze einer neuen Anlageklasse?

Johannes Ranscht: Als Seedmatch gegründet wurde, wussten die wenigsten in Deutschland, was Crowdfunding ist. Crowdinvesting gab es zu dem Zeitpunkt hierzulande noch gar nicht. Deshalb haben wir 2011 in der Tat echte Pionierarbeit geleistet, als wir mit Seedmatch an den Start gegangen sind. In den seitdem vergangenen acht Jahren haben wir Crowdinvesting als alternative Finanzierungsform für Unternehmen und neue Investmentchance für Privatanleger mehr und mehr etabliert, sodass Crowdinvestments heute kein Nischendasein mehr führen und zu einer eigenen Anlageklasse geworden sind. Selbst Banken haben mittlerweile eigene Crowdfunding- und Crowdinvesting-Sparten. So gibt es heute zwar einige Wettbewerber, aber unser Ziel ist es, unserer Vorreiterrolle weiterhin gerecht zu werden und Crowdinvesting auch in Zukunft noch weiter voranzubringen.

Luis Pazos: Was ist eigentlich genau der Unterschied zwischen Crowdfunding und Crowdinvesting?

Johannes Ranscht: Crowdfunding bezeichnet ganz allgemein die Finanzierung einer Sache – eines Produkts, eines Projekts oder eines Unternehmens – durch eine Gruppe von Menschen, die Crowd. Beim ganz klassischen, sogenannten „reward-based" Crowdfunding erhält die Crowd in der Regel eine nichtfinanzielle Gegenleistung, meistens ein Produkt, für ihre finanzielle Unterstützung. Crowdinvesting wiederum ist eine spezielle Form des Crowdfunding, bei der die Crowd im Gegenzug für ihr Investment finanziell am Erfolg des Unternehmens beteiligt wird. Sie erhält also eine finanzielle Gegenleistung für das investierte Kapital. International wird daher meist der Begriff des „equity-based", also des kapitalbasierten Crowdfundings für diese Form des Crowdfundings verwendet, in Deutschland hat sich aber die Bezeichnung „Crowdinvesting" durchgesetzt.

Luis Pazos: Mittlerweile existiert eine Vielzahl von Crowdinvesting-Plattformen. Wie hat sich Seedmatch innerhalb des Segments positioniert?

Johannes Ranscht: Wir verstehen uns als Matchmaker zwischen innovativen Wachstumsunternehmen und einer sehr engagierten Crowd. Investorinnen und Investoren, die sich über Seedmatch finanziell an Unternehmen beteiligen, suchen für gewöhnlich spannende Investmentchancen mit hohem Renditepotenzial und haben Lust, mit ihrem Kapital starke Geschäftsideen zu fördern. Deshalb setzen wir bei unseren Fundings auf Klasse statt Masse und wählen Unternehmen aus, deren Produkte echte Innovationen sind und die das Zeug dazu haben, in ihrem jeweiligen Marktsegment und Wirkungsbereich etwas zu bewegen. Dafür müssen Unternehmen mit ihrer Idee nicht nur eindeutige Alleinstellungsmerkmale besitzen und unmittelbar begeistern können, sondern auch mit ihrem Geschäftsmodell skalierbar sein und nachhaltig überzeugen. Wenn Unternehmen diese Voraussetzungen mitbringen, passen sie potenziell auch zu unserer Crowd. Bei Seedmatch sorgen wir dann dafür, dass beide Parteien, Unternehmen und Crowd-Investoren, zusammenfinden und sich auf Augenhöhe begegnen.

Luis Pazos: Und wodurch hebt sich Seedmatch von anderen Plattformen ab? Was ist euer Alleinstellungsmerkmal?

Johannes Ranscht: Was Seedmatch ausmacht, ist der Fokus auf Qualität bei der Auswahl der Funding-Unternehmen. Wir schauen uns sowohl junge Startups als auch schon etabliertere Unternehmen genau an, bevor wir mit ihnen zusammenarbeiten, und wählen sehr bewusst aus, wen wir auf unsere Plattform nehmen.

Dafür haben wir einen mehrstufigen Auswahlprozess entwickelt, im Rahmen dessen wir uns ein konkretes Bild vom Gründungs- oder Führungsteam, dem Geschäftsmodell und dem Status quo des jeweiligen Unternehmens machen. Damit schaffen wir nicht nur Klarheit für uns und unsere Entscheidungsfindung, sondern auch Transparenz für unsere Crowd und können sie umfassend über Renditepotenziale und Risiken informieren, die mit einer Investition in Unternehmen verbunden sind. Eine so differenzierte Auswahl der Unternehmen und die derart transparente Darstellung der Entwicklungsaussichten eines Investments sind charakteristisch für Seedmatch, in der Branche aber nicht selbstverständlich.

Luis Pazos: Wie viele Projekte wurden bisher über Seedmatch finanziert?

Johannes Ranscht: Bei Seedmatch gab es bisher bereits mehr als 120 Finanzierungsrunden, von denen über 95 Prozent erfolgreich finanziert wurden und in denen zu 85 Prozent sogar das Fundinglimit erreicht wurde. Gemeinsam mit unserer Crowd haben wir so schon knapp 45 Millionen Euro einsammeln und an dynamische Unternehmen vermitteln können.

Luis Pazos: Wie gelangt ein Projekt auf eure Plattform? Welche Mindestvoraussetzungen sind erforderlich und wie prüft ihr den Anbieter und sein Vorhaben?

Johannes Ranscht: In der Regel schicken uns das Unternehmen ein Pitch Deck, in dem das jeweilige Geschäftsmodell kurz zusammengefasst ist, zu. Das evaluieren wir intern und analysieren die Unternehmen hinsichtlich Innovationsstärke und Markttauglichkeit. Diese Vorauswahl erfolgt auf Basis bestimmter Kriterien, die ich eben schon kurz umrissen habe: Ein Unternehmen passt dann zu Seedmatch, wenn sein Produkt innovativ, sein Geschäftsmodell skalierbar ist und seine Idee Crowd-Potenzial hat. Wenn Unternehmen mit ihrem Vorhaben grundsätzlich für Seedmatch infrage kommen, fordern wir ausführliche Unterlagen wie beispielsweise einen Businessplan an, um die Wirtschaftlichkeit der Unternehmen zu bewerten. Wenn auch dieser Check positiv ausfällt, laden wir die Unternehmen zu uns ein, um das Team dahinter kennenzulernen, noch mehr übers Geschäftskonzept zu erfahren und den Ablauf des potenziellen Fundings zu besprechen. Passt alles, legen wir mit den Vorbereitungen los, um vier bis sechs Wochen später das Crowdinvesting starten zu können. Gerade einmal 1 Prozent aller Unternehmen, die sich bei uns bewerben, wird aber für ein Funding bei Seedmatch ausgewählt.

Luis Pazos: Welchen Mindestbetrag müssen Anleger aufbringen, um sich via Seedmatch an Investitionsprojekten beteiligen zu können?

Johannes Ranscht: Investments sind schon ab einem Mindestbetrag von 250 Euro möglich. Die weiteren Investitionsschritte sind jeweils ein Mehrfaches von 250 Euro. Der Maximalbetrag, den Privatpersonen pro Unternehmen investieren können, beträgt 10.000 Euro. Juristische Personen können auch mehr investieren.

Luis Pazos: Was genau erwerben denn die Anleger im Fall einer erfolgreichen Finanzierung? Eigen-, Fremd- oder Mezzanine-Kapital?

Johannes Ranscht: Die Anleger investieren mittels eines partiarischen Nachrangdarlehens. Dabei handelt es sich um eine Form von mezzaninem Kapital. Die Anleger fungieren mit ihrer Investition als Darlehensgeber und gewähren dem Unternehmen das Kapital für eine meist zeitlich befristete Nutzung. Dafür erwerben sie einen Anteil am Gewinn des Unternehmens und werden entsprechend ihrer Investmentquote an etwaigen Gewinnausschüttungen beteiligt. Bei Seedmatch bieten wir dabei aktuell zwei verschiedene Formen einer solchen Finanzierungs- und Gewinnbeteiligung an: die des Seed Investments und die des Vendure Debts. Bei einem Seed Investment erhalten Anleger neben einer endfälligen Basisverzinsung jährlich einen gewinnabhängigen Bonuszins, wenn das Unternehmen seinen Break-even erreicht hat, sowie einen einmaligen Bonuszins im Falle einer Vertragskündigung nach der Mindestlaufzeit oder eines Exit-Ereignisses. Beim Venture Debt wird das Kapital mit einem festen Zins pro Jahr verzinst. Die Anleger erhalten neben einer halbjährlichen Zinszahlung einen endfälligen Venture Kicker, eine individuelle, prozentuale Einmalzahlung, die bei einer besonders positiv verlaufenden Unternehmensentwicklung gezahlt wird.

Luis Pazos: Mit welcher durchschnittlichen Projektlaufzeit können Anleger kalkulieren?

Johannes Ranscht: Investments in Wachstumsunternehmen sind eher langfristig orientiert. Deshalb liegen die Mindestvertragslaufzeiten meistens zwischen fünf und sieben Jahren. Im Falle eines Exit-Ereignisses werden die Verträge automatisch beendet und die Anleger am Erlös beteiligt. Falls ein Exit ausbleibt, können Anleger nach Ablauf der Mindestlaufzeit jährlich zum Jahresende kündigen und werden entsprechend den Vertragsregelungen ausgezahlt. Die Unternehmen haben in der Regel frühestens nach sieben Jahren das Recht, das Vertragsverhältnis zu beenden.

Luis Pazos: In welchem Rahmen bewegen sich die zu erwartenden Renditen?

Johannes Ranscht: Genau dieser Frage sind wir im vergangenen Jahr im Rahmen unseres Fundingindex nachgegangen, der ersten wissenschaftlichen Untersuchung der Renditeerwartung einer Crowdinvesting-Plattform. Wir wollten herausfinden, welche Renditen für Anleger mit Crowdinvesting bei uns möglich sind, und analysierten auf Basis wissenschaftlicher Kriterien die Entwicklung der bei uns finanzierten Unternehmen. Insgesamt ergab sich für den Untersuchungszeitraum eine durchschnittliche Rendite von 15 Prozent per annum.

Luis Pazos: Und wie sieht es mit dem Risiko aus? Bei wie vielen Projekten mussten Anleger einen Teil- oder Totalausfall verbuchen?

Johannes Ranscht: Investments in Startups und Wachstumsunternehmen mit innovativen Ideen haben nicht nur ein hohes Renditepotenzial, sondern sind immer auch mit einem erhöhten Risiko verbunden. Der Totalverlust des eingesetzten Kapitals ist nie auszuschließen. Im Rahmen des Fundingindex haben wir daher auch das Risiko eines Ausfalls berechnet. Die aktuelle Ausfallquote bei Seedmatch beläuft sich auf 14 Prozent. Der Wert liegt sowohl unter der Insolvenzquote von Startups in Deutschland generell, als auch unter der durchschnittlichen Ausfallquote crowdfinanzierter junger Unternehmen. Die Mehrheit der über Seedmatch finanzierten Unternehmen ist weiterhin am Markt und das in 60 Prozent aller untersuchten Fälle sogar ziemlich erfolgreich.

Luis Pazos: Werden denn jenseits der Risikoprüfung weitere Sicherungsnetze gespannt, um die Kapitalrückzahlung sicherzustellen, beispielsweise Personen- oder Realsicherheiten?

Johannes Ranscht: Da die Investmentverträge direkt zwischen den Investoren und den Unternehmen geschlossen werden und wir als Mittler zwischen beiden fungieren, können wir als Plattform keine Personen- oder Realsicherheiten anbieten. Indem wir aber den Istzustand eines Unternehmens und die Entwicklungsaussichten eines Investments transparent darstellen, wollen wir sicherstellen, dass Investoren das Risiko ihrer jeweiligen Investition von vornherein möglichst realistisch einschätzen. Darüber hinaus bleiben wir auch nach einem abgeschlossenen Funding mit den Unternehmen im Austausch, beraten sie bei Fragen oder Hürden und unterstützen sie kommunikativ, um auch längerfristig zu einer positiven Unternehmensentwicklung beizutragen und möglichst viel Transparenz für die Investoren bei Seedmatch zu gewährleisten.

Luis Pazos: Ein Mittel zur Steuerung des Risikos ist Diversifikation, also die alt-bekannte Weisheit, nicht alle Eier in einen Korb zu legen. Was empfehlt ihr euren Anlegern diesbezüglich?

Johannes Ranscht: Wir empfehlen unseren Anlegern, nur einen Teil des ihnen für Investitionen zur Verfügung stehenden Kapitals in Startups und Wachstumsun-ternehmen zu investieren und dies auch nur dann zu tun, wenn sie über genug Kapital verfügen, um in eine Vielzahl an Unternehmen zu investieren. Um sein Risiko zu streuen, sollte man lieber kleine Beträge in verschiedene Firmen stecken anstatt hohe Beträge auf ein, zwei Unternehmen zu setzen. Wer sich ein breites Portfolio mit vielen Firmen aus unterschiedlichen Branchen zusammenstellt, kann auch Ausfälle leichter verschmerzen und hat die besten Chancen, die ermit-telte jährliche Rendite von 15 Prozent zu erreichen.

Ergänzungen und Fazit

Wer sich für Crowdinvesting und die deutsche Startup-Szene interessiert, findet hierzu in der besagten 52seitigen Studie reichlich Daten, Zahlen und Fakten. Die-se können Interessenten unterstützen, das Chance-Risiko-Verhältnis crowdfinan-zierter Startups besser zu beurteilen und mit ihrem Anlageprofil abzugleichen. Gleichwohl ist das Material nur bedingt aussagekräftig. Das liegt ausdrücklich nicht in der Methodik, als vielmehr in der nun einmal nicht sehr lange zurückrei-chenden Historie der Anlageklasse begründet. Diese umfasst ausschließlich eine mit reichlich Zentralbankgeld gesegnete Schönwetterökonomie und Niedrigst-zinsphase.

Nichts desto trotz stellt Crowdinvesting eine interessante Alternative oder Beimi-schung zu börsennotierten Wertpapieren dar. Im Fall von Seedmatch existiert mit Finanzierungsform Venture Debt sogar eine Variante, die den Vergleich mit ei-nem Hochdividendenwert nicht zu scheuen braucht. Dies betrifft nicht nur die

Ausschüttungsrendite, sondern auch die unterjährige Ausschüttungsfrequenz. Das unterscheidet die Plattform in der Tat von den bisher an dieser Stelle vorgestellten Anbietern ReaCapital und kapilendo. Für mich ist das der ausschlaggebende Grund, meinen ersten Crowdinvesting-Testballon zu starten. Hierbei ist allerdings ein wenig Geduld gefragt, neue Projekte sollen in Kürze verfügbar sein.

Blogbeitrag

https://nurbaresistwahres.de/geldgespraech-johannes-ranscht-von-seedmatch vom 10.05.2019

2. Geldgespräch – Sebastian Wörner und Vincent Willkomm

Zehn Jahre geballte P2P-Kredit-Expertise

Wie schnell die Zeit vergeht, merke ich bisweilen auch wenn ich nach alten Blogbeiträgen suche. In diesem Fall zum Thema P2P-Kredite, je nach Sichtweise eine zweckmäßige Ergänzung zum persönlichen Hochdividendenportfolio oder in mehrfacher Hinsicht zweifelhafte Form der Geldanlage. Knapp zwei Jahre ist es her, seit ich selbst mit Estateguru einen Vermittler für Geschäftsdarlehen analysiert sowie Überlegungen zur Besteuerung der Erträge aus P2P-Krediten angestellt habe. Zeit also, erneut einen Blick auf diese Wachstumsbranche zu richten, derweil dank mannigfaltiger Draghi-Puts die Plattformen wie Pilze aus dem Boden geschossen sind.

Und genau dazu habe ich mir mit Hobbyinvestor Sebastian Wörner und Freaky Finance Vincent Willkomm insgesamt zehn Jahre P2P-Kredit-Anlageerfahrung ins Boot geholt. Mit beiden habe ich mich ausführlich über den Markt für Privatdarlehen, verschiedene Plattformbetreiber, Chancen und Risiken der Anlage in P2P-Kredite sowie ihre persönlichen Anlagestrategien unterhalten. Und natürlich ihr jüngst veröffentlichtes Gemeinschaftswerk „Das 1×1 der P2P-Kredite" . Ein Exemplar des Titels gibt es sogar exklusiv für die Leser meines Blogs zu gewinnen! Alle Informationen hierzu finden sich am Ende des Blogbeitrags nach dem Interview.

Unser Interview

Luis Pazos: In aller Kürze für alle Leser, die noch nicht mit der Materie vertraut sind: Was sind P2P-Kredite? Was macht die Besonderheit dieser Anlageklasse aus? Und sind P2P-Kredite ein geeignetes Instrument für Einkommensinvestoren?

Vincent Willkomm: „P2P" ist die Abkürzung für „Peer to Peer" und bedeutet frei übersetzt „von Person zu Person". Also eine Person gibt einer anderen Person einen Kredit, sprich: sie leiht ihr Geld, ohne dass eine Bank oder ein Mittelsmann zwischengeschaltet wird. Wer das Wort "Peer" im Wörterbuch nachschlägt, wird die Übersetzungen "Ebenbürtiger" und "gleichrangig" finden. Genau darum geht es hier: Der Kreditnehmer und der Kreditgeber sollen sich ebenbürtig sein. Eigentlich ist das Thema P2P-Kredite keine neue Erfindung, sondern schon ein sehr alter Hut, dessen Prinzip wahrscheinlich so alt ist wie das Geld selbst. Wenn du dir von Verwandten oder Bekannten Geld leihst, ist das quasi „P2P" in seiner reinsten Form.

Luis Pazos: Nun seid ihr beiden ja nicht nur seit vielen Jahren als Investoren in diesem Segment engagiert, sondern habt hierzu gemeinsam sogar ein Buch verfasst. Wie kam es zu dieser Idee?

Sebastian Wörner: Vincent habe ich über meinen Blog kennengelernt. Wir haben uns auf einen Kaffee getroffen und uns schnell sehr gut verstanden. In den letzten Jahren haben wir gemeinsam ein paar kleinere und größere Projekte gemeistert und die Zusammenarbeit hat uns immer sehr viel Spaß gemacht. Irgendwann habe ich mal erzählt, dass ich an einem Konzept für ein P2P-Buch arbeite. Vincent hat sich das Konzept angeschaut und wollte sofort mitmachen.
Das Angebot habe ich dankend angenommen. Rückblickend mache ich drei Kreuze, dass ich das Buch nicht allein geschrieben habe. Zum einen profitiert das Buch inhaltlich von zwei, teils auch unterschiedlichen, Meinungen und zum anderen haben wir gemeinsam gut acht Monate an dem Buch gearbeitet. Keine Ahnung wie lange es gedauert hätte, wenn ich es allein gemacht hätte.

Luis Pazos: Dafür, dass P2P-Kredite in Deutschland vergleichsweise unbekannt sind, gibt es relativ viele Ratgeber zum Thema. Mehr als ein Dutzend listet der führende Versandhändler auf. Was unterscheidet euer Buch von den anderen?

Sebastian Wörner: Vincent und ich haben zusammen weit über zehn Jahre P2P-Investment Erfahrung. Zudem investieren wir beide 5-stellige Beträge in P2P-Kredite. In "Das 1×1 der P2P-Kredite" legen wir nicht nur unsere gesamten P2P-Investments offen, sondern sprechen auch über unsere Strategien und unsere Pläne für 2019. Zudem haben wir vier verschiedene Beispiel-Investoren entworfen, die mit unterschiedlichen Zielen und Budgets in P2P-Kredite investieren möchten. Unsere Start-Strategien kann der Leser nutzen, sich inspirieren lassen oder miteinander kombinieren.

Außerdem war es uns sehr wichtig kein Marketing- oder Werbebuch über P2P-Kredite auf den Markt zu schmeißen. Viele die von dir genannten Bücher werben mit "gefahrloser Anlage" usw. In unserem Buch beschäftigen wir uns sehr viel und sehr ausführlich mit den vielseitigen Risiken und den Gefahren. Über die Diversifikation zeigen wir Möglichkeiten auf, wie man das ein oder andere Risiko minimieren kann, wir geben aber klar zu verstehen, dass P2P-Kredite als eine Ergänzung zu einem breiten Investmentportfolio passen und sich niemand nur auf diese Anlageklasse fokussieren sollte. Auf p2p-kredite-buch.de stellen wir unser Buch ausführlich vor.

Luis Pazos: Sind denn ausschließlich eure persönlichen Erfahrungen in das Buch eingeflossen, oder konntet ihr auch auf Sekundärliteratur, statistisches Material etc. zurückgreifen?

Sebastian Wörner: Über statistisches Material haben Vincent und ich oft diskutiert. In einer frühen Version waren sogar ein paar Kapitel enthalten, wo wir unter anderem auch sehr mathematisch wurden, zum Beispiel bei Ausfallrisiko oder bei der Diversifikation. Fast all unsere Testleser haben aber genau jene Kapitel moniert. Sie stören den Lesefluss, sind zu kompliziert und für Anfänger nicht relevant. Wir haben daraufhin viele Zahlen und mathematische Berechnungen entfernt und durch unsere Erfahrungen ersetzt. Das haben unsere Testleser als Verbesserung empfunden.

Auf Sekundärliteratur haben wir uns ebenfalls nicht fokussiert, wir haben schlicht nichts Passendes gefunden. Natürlich sind unsere Informationen über die P2P-Plattformen und die Abläufe immer mit den P2P-Plattformen selbst abgestimmt. Zudem haben wir auch mit Kreditgebern Kontakt aufgenommen oder bei diversen Behörden nachgefragt, wenn es um die Rechte und Gesetze bezüglich der Kreditvergabe im jeweiligen Land ging.

Luis Pazos: Ein Rezensent eures Buchs bemängelt, die Inhalte wären auch über Google zu finden. Was entgegnet ihr solcher Kritik?

Sebastian Wörner: Ich vermute, der Leser hat nach dem ersten Absatz im ersten Kapitel aufgehört zu lesen. Allein wie wir unsere Portfolios offenlegen und über unsere Strategie und Pläne für 2019 schreiben, ist so im Internet nicht zu finden. Unsere vier Beispiel-Strategien haben wir ebenso nicht im Internet veröffentlicht. Auch beim Thema Steuern, widerspreche ich zum Beispiel deinen Ausführungen der „alternativen Besteuerung" und Vincent hält dagegen. So könnte ich jetzt viele weitere Kapitel aufzählen.

Aber ja, wer sich über Google fortbilden möchte, findet auch hier Informationen über P2P-Kredite, keine Frage. Unser Buch liefert das Themenfeld P2P-Kredite aber aufeinander aufbauend und mit einem klaren roten Faden. Der Leser baut mit jedem Kapitel sein Wissen auf und profitiert von den Erfahrungen und dem Wissen von zwei langjährigen Investoren. Jeder darf und kann selbst entscheiden, was er bevorzugt.

Vincent Willkomm: Wir haben auch eine Negativbewertung, die wörtlich folgendes mitteilt: "Investment ist ein No Go! Ich halte die Art der Investitionen für gefährlich und bin mir sicher, dass die meisten Kreditverkäufer in einigen Jahren nicht mehr existieren werden. Finger weg!" Während diese Meinung natürlich legitim ist, gehört sie nicht als Bewertung unter ein Buch bei Amazon. Hier soll bitte die Qualität des Buches bewertet werden! Die Bewertung ist zudem nicht verifiziert – das heißt, der Rezensent hat das Buch weder gekauft noch gelesen und hier nur seinem Unmut über diese Möglichkeit des Investierens freien Lauf gelassen. Da das nicht gegen die Regeln bei Amazon verstößt, bleiben solche Bewertungen bestehen und schaden unserem Buch. Das ist sehr unglücklich.

Luis Pazos: Was bei der Durchsicht des Buchs auffällt ist, dass ihr im Praxisteil ausschließlich P2P-Plattformen aus dem Baltikum vorstellt. Gibt es keine Alternativanbieter in anderen Ländern?

Vincent Willkomm: Die gibt es durchaus! Wie so oft kam auch dieser Trend aus dem angelsächsischen Raum. Zopa (Großbritannien) seit 2004 und Prosper, sowie Lending Club (beide USA, beide seit 2006) gab es sogar schon vor der Finanzmarktkrise ab 2008. Ich erwähne das, weil es so oft heißt, dass es keine Erfahrungswerte gibt, wie sich P2P-Investments in einem solchen wirtschaftlich schwierigen Umfeld schlagen. Auch darauf gehen wir im Buch ein.

Dass wir aber nur osteuropäische Plattformen behandeln begründen wir gleich relativ am Anfang damit, dass uns die deutschen Anbieter nicht überzeugt haben, wir dort kein Geld mehr anlegen und dies auch nicht empfehlen möchten. Ein anderer Grund ist unsere Glaubwürdigkeit. Wir sind weder auf amerikanischen, noch auf britischen oder chinesischen Plattformen investiert. Unser Fokus diesbezüglich liegt klar auf den baltischen Anbietern und da ist es für uns selbstverständlich, auch unsere Erfahrungen genau damit weiterzugeben.

Luis Pazos: Kritische Betrachter mögen nicht zuletzt aufgrund der Darlehenszinsen argwöhnen, dass P2P-Plattformen als letzte Anlaufstation für gestrandete Kreditnehmer dienen. Steht der typische P2P-Darlehensnachfrager also an der Schwelle zum Bankrott oder warum zahlt er vergleichsweise hohe Zinsen?

Vincent Willkomm: Das kann ganz verschiedene Gründe haben. Zum einen gibt es in vielen osteuropäischen Ländern kein so ausgeprägtes Bankensystem wie in Deutschland. Seit der Bankenkrise 2008/2009 leidet Osteuropa unter einer Bankenregulierung. Hier gibt es neben Basel I bis III und MiFID II eine Menge weiterer Regularien. Die Banken dort vergeben daher Kredite nur unter strengsten Auflagen und Sicherheiten. Für den Kreditnehmer wird es immer schwieriger, diese Auflagen und Sicherheiten zu erfüllen. Den Sicherheitsanforderungen nachzukommen ist zudem aufwendig und kann wertvolle Zeit kosten. Auch nach einem langen Papierkrieg läuft der potenzielle Kreditnehmer immer Gefahr, dass die Bank den gewünschten Kredit doch nicht an ihn vergibt. Das führte von einem zum anderen.

Viele Banken bieten diese „kleinen" Verbraucherkredite bis 500 Euro meist gar nicht mehr an. Dieses Geschäft lohnt sich für die Banken unter Umständen nicht mehr. Dazu kommt, dass das Kreditzinsgefüge in Osteuropa ein anderes – nämlich üblicherweise ein deutlich höheres – ist als bei uns in Deutschland. In Deutschland kennen wir die Null-Prozent-Finanzierung oder bekommen auch mal Konsumkredite mit Negativzinsen angeboten. Davon kann man in Osteuropa nur träumen. Diese Problematik hat in Osteuropa die sogenannten „Nicht-Banken Kreditgeber" auf den Plan gerufen. Diese füllen genau diese Lücken aus und vergeben auch die kleinen Summen, die sehr viel häufiger benötigt werden als große Summen für zum Beispiel einen Hauskauf.

Noch mehr fällt ins Gewicht, dass viele Kreditgeber die Kredite online vergeben – mit einer voll automatischen Bonitätsprüfung in nur wenigen Minuten. Der Kreditnehmer kann den Kredit von zu Hause aus oder unterwegs per Smartphone beantragen und bekommt sofort das Ergebnis der Bonitätsprüfung mitgeteilt. Die Auszahlung des Kreditbetrags erfolgt natürlich ebenfalls sofort. Durch diese Vereinfachung gewinnen die „Nicht-Banken-Kreditgeber" immer mehr Kunden und gehören vermehrt zum Alltag dazu – vergleichbar mit dem deutschen Dispositionskredit, der unter horrenden Zinsen und ganz alltäglich in Anspruch genommen wird.

Luis Pazos: Rendite kommt von Risiko. Bei manchen Beiträgen zum Thema P2P habe ich den Eindruck, dass angesichts der aktuellen Boomära Risiken nicht adäquat wahrgenommen werden (Stichwort: P2P-Tagesgeld). Wie handhabt ihr das Risiko in diesem Anlagesegment und was empfehlt ihr Einsteigern wie Fortgeschrittenen?

Vincent Willkomm: Eigentlich sollte es jedem klar sein: P2P-Kredite sind kein Tagesgeld. Uns ärgert es, dass immer mehr Webseiten anfangen, die Worte „Tagesgeld" und „P2P-Kredite" in ein und demselben Artikel zu veröffentlichen. Natürlich schreibt ein Großteil dazu, dass P2P-Kredite eben kein Tagesgeldersatz sind. Trotzdem gibt es viele Leser, die Artikel nur überfliegen oder nur die Überschriften lesen. Und schon entstehen Halbwahrheiten und Gerüchte.
Zudem gibt es mit Bondora einen großen P2P-Anbieter, der mit seinem Produkt "Go & Grow" gezielt einen Vergleich mit dem Tagesgeld eingeht und eine Alternative dazu bieten möchte. Ein ganz ähnliches Produkt hat nun auch der große Konkurrent Mintos auf den Markt gebracht – wahrscheinlich nicht, weil Bondora damit keinen Erfolg hatte. In Deutschland und in der EU sind alle Einlagen bis 100.000 Euro durch die Einlagensicherung abgesichert. Zusätzlich sichern deutsche Banken ihre Kunden durch den Einlagensicherungsfonds ab. Damit gilt das Tagesgeld als eine der sichersten Anlageformen überhaupt. Ob zurecht oder nicht ist ein anderes diskussionswürdiges Thema.

Ein Investment in P2P-Kredite ist aber in keiner Art und Weise abgesichert. P2P-Kredite sind eine sehr riskante Anlageform und wirklich absolut überhaupt nicht mit Tagesgeld zu vergleichen, egal in welcher Form P2P-Kredite auch angeboten werden. P2P-Kredite machen nur einen kleinen Teil meines Vermögens aus. Ich habe breit über viele Anlageklassen diversifiziert und auch im Segment P2P-Kredite nutze ich viele Möglichkeiten meine Investments zu streuen.

Sebastian Wörner: Bei Amazon bieten wir die Option "Blick ins Buch" an. Hier kann jeder bereits im Inhaltsverzeichnis erkennen, dass wir die Risiken und Gefahren sehr ernst nehmen. Allein die Rückkaufgarantie nehmen wir in vier Kapiteln auseinander, zudem beschäftigen wir uns mit zehn verschiedenen Risiken. Wer zudem unser Vorwort und das Kapitel über die Transparenz liest, wird schnell merken, dass wir das Thema P2P-Kredite und das Investment an sich sehr verantwortungsbewusst behandeln. Ich persönlich nutze P2P-Kredite als einen Baustein in meinem Portfolio und innerhalb dieses Bausteins diversifiziere ich breit über Länder und Kreditarten hinweg.

Luis Pazos: Welche Plattform eignet sich eurer Erfahrung nach besonders für Einsteiger? Und welche für besonders passive Anleger, die ihren administrativen Aufwand minimieren wollen?

Sebastian Wörner: Die Frage ist sehr beliebt und vergleichbar mit der Frage nach dem besten Depot oder dem besten Auto. Es ist immer sehr schwer und risikoreich eine Empfehlung abzugeben, ohne den Investor und seine Erfahrungen dahinter zu kennen. Mintos ist als größter Marktplatz natürlich immer eine richtige Antwort. Das Team macht seit 2015 kaum nennenswerte Fehler, die Plattform wächst rasant und das Angebot mit 60 Kreditgebern, 29 Ländern und acht Kreditarten bietet eigentlich für fast jeden Investor die Möglichkeit seine Investmentstrategie umzusetzen.

Ich persönlich investiere gern auf Lenndy – bitte nicht mit der britischen, insolventen Plattform Lendy verwechseln. Lenndy arbeitet nur mit wenigen kleinen Kreditgebern zusammen und bietet viele Unternehmenskredite und Rechnungsfinanzierungen an. Statt der intransparenten Rückkaufgarantie, wird hier mit dinglichen Absicherungen gearbeitet. Das Team hat es in den letzten drei Jahren geschafft, dass noch kein Kredit ausgefallen ist. Auch hier liegt meine Rendite bei knapp zwölf Prozent.

Vincent Willkomm: Ich denke die Szene ist sich weitestgehend einig, dass Mintos momentan das vielfältigste Angebot und damit die besten Möglichkeiten bietet. Anleger müssen hier einmal den vergleichsweise umfangreichen Autoinvestor verstehen und nach den eigenen Vorlieben konfigurieren, damit fortan das auf das Investorenkonto transferierte Geld – und auf Wunsch auch die Rückflüsse (Zins und Tilgung) – von der Maschine (re-)investiert werden. Noch einfacher läuft alles beim Konkurrent RoboCash. Die Handhabung ist noch leichter (weil es nur wenige Einstellmöglichkeiten gibt), es funktioniert bisher alles tadellos aber dieser Anbieter hat insgesamt im Kreise der Investoren nicht das Standing wie zum Beispiel Mintos.

Luis Pazos: Ein anderer Vorwurf ist eher moralischer Natur. Tatsächlich ist es ja nicht auszuschließen, dass Anleger mit ihrer Kreditvergabe ökonomisch „unsinnige" Anschaffungen fördern oder den bedauernswerten Kreditnehmer gar in die Überschuldung treiben. Zudem sind manche Länder, in die über baltische Plattformen investiert werden kann, für ein sagen wir unorthodoxes Inkasso bekannt. Wie handhabt ihr diesen Aspekt?

Sebastian Wörner: Beim einem der letzten Lesertreffen in Hamburg habe ich mit zwei Leuten über eine Stunde über das Thema diskutiert. Moralische Bedenken bei der Geldanlage gibt es überall. Mir war bis dahin nicht bewusst, dass es Investoren gibt, die den MSCI World ETF meiden, weil hier auch in Unternehmen investiert wird, die in Waffen, Tabak oder Chemie Bereich tätig sind. Bei den P2P-Krediten gibt es den Vorwurf, die Kredite würden die Kreditnehmer in die Überschuldung stürzen, da horrende Zinsen gezahlt werden müssen. Dafür muss man wissen, dass ein Großteil der P2P-Kredite sogenannte „payday loans" sind. Jemand wartet auf seine Gehaltszahlung und braucht erstens sehr schnell und zweitens nur für weniger Tage einen Kredit, bis er sein Gehalt bekommt, um dann den Kredit wieder zurückzuzahlen.

Vincent hat eben bereits erläutert, warum es für Banken oft kein lohnendes Geschäft mehr ist, diese kleinen und kurz laufenden Kredite zu vergeben. Die Kreditgeber haben diese Lücke genutzt und bieten genau diese Kreditarten an. Da trotz der kleinen Beträge und der kurzen Laufzeiten, trotzdem eine Kreditprüfung, Buchhaltung, Mahnwesen, Inkasso usw. benötigt wird, kommen die sehr hohen Zinsen zustande, wenn man diese auf das Jahr hochrechnet. Wer in diese Kreditart aus moralischen Gründen nicht investieren möchte, kann auch in Autokredite, Immobilien, Geschäftskredite oder Rechnungsfinanzierung investieren. Selbst Agrarkredite werden zum Beispiel auf Mintos angeboten.

Luis Pazos: Wenn der P2P-Sektor so lukrativ ist, warum haben sich dann nicht schon längst institutionelle Investoren eingekauft. Gerade Pensionskassen oder Versicherungen, Unternehmen also, die auf laufende Einnahmen angewiesen sind, müssten doch längst engagiert sein?

Vincent Willkomm: Sind sie auch schon länger! Auch hier sind die ersten Beispiele wieder in den USA bekannt geworden. Banken, Hedgefonds und Family Offices bedienten sich schnell der attraktiven Renditen. Ähnliches dann auch in Großbritannien und sogar über den deutschen Marktführer konnte man lesen, dass ein namhafter Versicherer dort Beträge im Milliardenbereich über Kreditprojekte verlieh. Auf dem größten baltischen P2P-Markplatz sind die „Big Player" bisher noch zurückhaltend. Das an die Profis vergebene Volumen lag in der Vergangenheit deutlich unter zehn Prozent.

Auch wenn sie vielleicht ein bisschen "Trust" geben, sind wir Privatanleger nicht besonders scharf auf die Institutionellen, weil sie mit ihrem Volumen die Kredite füllen und entsprechend weniger für uns "Normalos" übrig bleibt. Es gibt auch Fälle, wo die Institutionellen bevorzugt bedient werden. Aus Sicht der Plattformen vielleicht verständlich – aber das zerstört auch den ursprünglichen Gedanken der hinter P2P steckt. Wir erinnern uns wofür das Kürzel steht (siehe oben): ebenbürtig!

Luis Pazos: Gab es denn schon Fälle, in denen eine Plattform als Schneeballsystem überführt wurde? Und wie prüft ihr denn die Seriosität einer Plattform, bevor ihr investiert?

Sebastian Wörner: Im Baltikum ist mir kein Schneeballbetrug bekannt. Die Seriosität einer Plattform zu prüfen ist nicht einfach. Ich schaue mir die Qualität der Webseite an, wie viele Informationen werden zur Verfügung gestellt und wie umfangreich sind die FAQ? Ich sammle meine Fragen, schreibe den Support an und schaue, wie gut und schnell geantwortet wird. Nach meiner Registrierung schaue ich mir immer in Ruhe die Kredite an, wie viele Informationen werden preisgegeben, gibt es viele Details, wie oft kommen neue Kredite und welche Sicherheiten werden angeboten?

Daneben schaue ich mir auch immer die Webseiten der Kreditgeber an, die die Kredite auf der Plattform anbieten. Die Namen der Kreditgeber google ich und schaue die Treffer durch. Gibt es einen Mutterkonzern, so informiere ich mich auch hier über die Historie und schaue, ob ich im Internet Meinungen und Erfahrungen finde. Wenn ich nichts Negatives finde, fange ich einfach mit 300 bis 500 Euro an und teste für ein paar Monate.

Luis Pazos: Auf der diesjährigen Invest hat sich ein interessanter Trend abgezeichnet. So bietet eine Plattform bereits an, Anlegern gemeinschaftliche Investitionen in Immobilien statt in Kreditportfolios zu ermöglichen und statt Zinsen eben Mieten ausgezahlt zu bekommen. Andere Plattformen wollen nachziehen. Was haltet ihr von dieser P2P-Variante?

Vincent Willkomm: Das sind keine klassischen P2P-Kredite. Für mich geht das eher in die Richtung Crowdinvesting beziehungsweise Crowdfunding. Man realisiert hier im Kollektiv Immobilienprojekte und kassiert seine Rendite in Form einer Mietzinsbeteiligung. Ich als Besitzer und Vermieter einiger Wohneinheiten, weiß wie stressig es sein kann, sich alleine um alles rund um die Vermietung zu kümmern. Das wird einem hier abgenommen. Ich bin aber noch nicht wirklich aussagefähig was das angeht, weil ich das Modell über die Crowd erst seit kurzem probiere.

Luis Pazos: Zu guter Letzt, wie sind eure Investitionen in P2P-Kredite in den letzten Jahren gelaufen? Und was plant ihr auf Sicht der nächsten drei Jahre in diesem Segment?

Sebastian Wörner: Ich investiere ausschließlich auf den osteuropäischen P2P-Plattformen im Baltikum und hatte die letzten Jahre immer eine Rendite so um die zwölf Prozent. Für 2019 plane ich mein Investment weiter auszubauen und bin gerade dabei ein paar kleinere Plattformen auszusortieren. Aktuell habe ich gut 14 Plattformen im Portfolio und einige weitere auf meiner Liste. Ich werde keine weiteren Plattformen hinzunehmen, sondern austauschen. Aktuell reizen mich Reinvest24 und Grupeer. Auf drei Jahre plane ich nicht im Detail. Die Bewegung im Markt ist viel zu groß und ich kann mir gut vorstellen, dass in den nächsten drei Jahren auch eine Konsolidierung stattfinden wird. Meiner Meinung nach gibt es zu viele kleine P2P-Plattformen, die sich zu ähnlich sind.

Vincent Willkomm: Mit Ausnahme der deutschen Plattformen, auf denen ich nicht mehr investiere und Bondora werden mir meine P2P-Investments je Anbieter ausschließlich mit zweistelliger Rendite angezeigt. Der Schnitt dürfte sich um die zwölf Prozent vor Steuern einpendeln. Insgesamt werde ich in diesem Segment weiter aufstocken. Wahrscheinlich etwas Kapital zwischen den Plattformen hin- und her schieben aber eben auch frisches Geld investieren und auch weitere beziehungsweise neue Anbieter ausprobieren. Ausführlicher habe ich es im Buch beschrieben.

Ergänzungen und Fazit

Soweit der Parforceritt durch die baltische Welt der P2P-Kredite. Zweifelsohne haben wir es hier mit einer polarisierenden Anlageform zu tun, zumindest deutlich polarisierender als das Gros der Hochdividendenwerte. Zudem handelt es sich durchweg um Geldwerte in Form von Zahlungsversprechen und keine Sachwertbeteiligungen respektive Unternehmenssubstanz. Letztlich entspricht ein Engagement in P2P-Krediten über eine (ausländische) Plattform einer kreditbesicherten Unternehmensanleihe ohne Börsennotiz.

Kenner der Kapitalmärkte könnten gewisse Ähnlichkeiten mit Mortgage Backed Securities (MBS) beziehungsweise Collateralized Debt Obligations (CDO) ausmachen. Ja, das sind genau jene Papiere, deren Implosion am Anfang der Weltfinanzkrise stand und zahlreichen zinsgierigen wie risikoblinden Landesbanken das Genick brach. Von dieser Sprengkraft ist der europäische P2P-Kreditmarkt zwar meilenweit entfernt, allerdings wird sich bei der noch ausstehenden Krisenbewährung zeigen, ob und wenn ja wie viel „Stupid German Money" diesmal unterwegs ist.

Ich persönlich halte eine Anlage in P2P-Kredite als Beimischung zu (Dividenden-)Aktien beziehungsweise Alternative zu Hochzinsanleihen für vertretbar, sofern analog zum Einzelwertrisiko bei Aktien das Plattformrisiko bei P2P-Krediten durch eine entsprechende Streuung reduziert wird. Zudem sollte der Anteil am

Gesamtvermögen auf ein vertretbares Maß, ich ziehe die Grenze bei zehn Prozent, beschränkt werden. Ein wesentlicher Vorteil aus Anlegersicht ist die geringe Korrelation zu anderen Vermögensklassen. Wer hierzu weitere Inspirationen benötigt, ist mit dem Buch von Sebastian Wörner und Vincent Willkomm sehr gut bedient:

Kommen wir abschließend zum Gewinnspiel. Unter allen Leser verlose ich ein gedrucktes Exemplar von „Das 1×1 der P2P-Kredite". Hierzu ist nichts weiter erforderlich, als folgenden Satz bis zum 30. Juni 2019 zu vervollständigen und als Kommentar unter diesem Blogbeitrag zu veröffentlichen: „P2P-Kredite finde ich […], weil […]!". Den Gewinnkommentar werde ich Anfang Juli auslosen, die Verfasserin oder den Verfasser umgehend benachrichtigen.

Blogbeitrag

https://nurbaresistwahres.de/geldgespraech-sebastian-woerner-und-vincent-willkomm
vom 21.06.2019

3. Geldgespräch – Zu Gast bei Alex Fischer

REITs und Hochdividenden-Aktien

Mit dem einzig wahren Alex Fischer habe ich mich im Juni 2019 eine Spielfilm-länge lang über finanzielle Bildung, Aktien, Immobilien im Allgemeinen, REITs im Besonderen, Dividenden und weise Großmütter unterhalten. Unser kurzweiliges Gespräch haben wir über 8.700 Kilometer Entfernung geführt, zwischen Northeim (Deutschland) und Amphoe Thalang (Thailand). Der kurzweilige Podcast mit der gewohnt hohen Informationsdichte wurde am 24. Juni 2019 veröffentlicht. Das Interview gibt es nachfolgend zum Lesen in einer gekürzten Fassung. Der Podcast kann unter folgender Adresse abgerufen werden:

https://dividenden-alarm.podigee.io/20-luis-pazos-im-interview-reits-und-hochdividenden-aktien

Unser Interview

Alex Fischer: Wie eingangs bereits erwähnt ist Luis Pazos durch die Veröffentlichung deiner beiden Bücher in der Finanzblogger-Szene bereits ein bekannter Name. Magst du dich dennoch einmal kurz unseren Lesern vorstellen?

Luis Pazos: Aber gerne! Ich bin gebürtiger Rheinländer mit spanischen Wurzeln, 44 Jahre alt, verheiratet und lebe mit meiner Frau und unseren beiden Kindern in Südniedersachsen. Beruflich bin ich als Manager, Autor und Finanzblogger tätig. Überraschend ist eventuell die Tatsache, dass ich sowohl über Hochdividenden-werte als auch über REITs, jeweils das beste deutsche Fachbuch geschrieben habe. Das liegt weniger an meinen Schreibkünsten als daran, dass es bis März 2017 respektive Oktober 2018, dem Erscheinungsdatum der beiden Titel, gar keine Publikationen zum Thema in deutscher Sprache gab. Noch überraschender war für mich allerdings der Umstand, dass es noch Anfang 2017 keine einzige Internetseite gab, die den Themenkomplex für das deutschsprachige Publikum aufbereitet hatte. Soviel also zur bisweilen geäußerten Annahme, es gäbe heute keine Nische mehr im Netz zu besetzen.

Alex Fischer: Was kannst du uns über deinen finanziellen Lebenslauf erzählen und in welcher Phase deines Lebens (finanzielle Sicht) befindest du dich heute?

Luis Pazos: Ich bin in einem bürgerlichen Elternhaus groß geworden, in dem die Tugend des Sparens seit jeher kultiviert wurde. Insbesondere meiner Großmutter mütterlicherseits lag das, was heute gemeinhin als finanzielle Bildung bezeichnet wird, sehr am Herzen. Dazu beigetragen hat mit Sicherheit auch die Tatsache, dass ihre erste Lebenshälfte durch Hyperinflation, Krieg, Währungsreform und Flucht aus der DDR gekennzeichnet war. Mehrfach hat sie alle materiellen Werte verloren, nur ihr Humankapital nicht, wie sie nicht müde wurde zu betonen. Sie hat mir auch im Jahr 1983 mein erstes (Kinder-)Buch zum Thema Geld geschenkt: Wer den Pfennig nicht ehrt. Alles über Geld. Es steht noch heute in unserem Bücherregal. In Summe haben diese Einflüsse vermutlich drei wesentliche Gewohnheiten mitgeprägt: Zum einen habe ich durchgängig von jedem Geldeingang einen Teil gespart (selbst als Wehrpflichtiger), zum zweiten habe ich nie Wert auf Statussymbole gelegt und zum dritten niemals Konsumschulden gemacht oder mein Konto überzogen.
Über kurz oder lang stellte sich damit zwangsläufig eine Frage: Wie lege ich die Überschüsse an? Nach einigen Jahren des Mal mehr und mal weniger erfolgreichen Experimentierens habe ich dann zu meiner Strategie gefunden, die mich gerne durch den Rest des Lebens tragen kann und deren wesentliche Grundlagen ich in meinen Büchern beziehungsweise meinem Blog vermittle.

Alex Fischer: Die Überschüsse dürften in den letzten Jahren ordentlich angewachsen sein. Wie sieht deine heutige Asset-Verteilung aus und gibt es eine Kategorie die du besonders hervorheben möchtest?

Luis Pazos: Derzeit entfallen von meinem Gesamtvermögen jeweils etwa 45 Prozent auf Wertpapiere und Immobilien, die restlichen zehn Prozent verteilen sich auf liquide Mittel, Edelmetalle und experimentelle Anlagen. Nun ja, als Betreiber des einzigen deutschsprachigen Portals zum Thema Hochdividendenwerte liegen mir selbige natürlich besonders am Herzen, vermutlich auch deshalb, da ich mich über die letzten Jahre sehr intensiv mit dem Segment auseinandergesetzt habe – sonst wäre mir auch der Stoff für meine Fachbücher frühzeitig ausgegangen.

Im Bereich Hochdividendenwerte nehmen Real Estate Investment Trusts (REITs), also börsennotierte Immobiliengesellschaften, wiederum eine besondere Rolle ein. Das wiederum liegt an der Zwitterstellung dieses Instruments, der Mischung aus Aktie und Immobilie, in Verbindung mit einem elementaren und verständlichen Geschäftsmodell, nämlich der Bewirtschaftung von Wohn-, Lebens- und Arbeitsräumen. Ist es nicht ein faszinierender Gedanke, dass jeder Anleger selbst mit relativ bescheidenden Mitteln laufende Miet- und Pachterträge aus einem globalen Portfolio unterschiedlichster Immobilien erzielen kann?

Alex Fischer: In der Tat, dazu gehört nicht viel. Vielleicht hilft vielen eine gewisse Vorgehensweise oder auch Anlagestrategie. Wie sieht deine aus oder machst du es wie Warren Buffett?

Luis Pazos: Warren Buffett halte ich bei all seinen Verdiensten um die Aktionärskultur nicht für ein geeignetes Investorenvorbild. Jedenfalls nicht für Privatanleger. Er sich selbst offenbar auch nicht, sonst würde er nicht passive Anlagestrategien empfehlen – einschließlich seiner Ehefrau für den Fall seines Ablebens. Das ist schon bemerkenswert, traut er damit doch dem marktbreiten US-amerikanischen Leitindex S&P 500 mehr zu als seinen Nachfolgern bei Berkshire Hathaway. Er wird wissen warum. Fakt ist: Buffett hat in der Frühphase seiner Karriere gehebelt investiert und agiert in der Spätphase als Insider, der zudem die

Entscheidungen in den Unternehmen, an denen seine Holding beteiligt ist, maßgeblich mitprägt. Diese Merkmale sind für den heimischen Feld-Wald-und-
Wiesen-Investor, wozu ich mich auch zähle, weder empfehlenswert noch kopier-
bar.

Ich selbst habe mich ganz den ausschüttungsorientierten Anlagestrategien ver-
schrieben und mich hierbei vor allem aus Liquiditäts- und Transparenzgründen
auf börsennotierte Wertpapiere spezialisiert. Dabei bewege ich mich sowohl mit
meinen defensiven als auch offensiven Positionen in Nischen, die hierzulande
vergleichsweise unbekannt sind. Dem diesbezüglichen Mangel an Vorbildern ist
es auch geschuldet, dass ich zu dem Thema Bücher geschrieben habe und einen
Blog betreibe. Mich fasziniert diese Form der Einkommenserzielung, die tatsächlich nach einmaliger Investition vollautomatisch und perfekt analog zu einem
Arbeitseinkommen erfolgt – nur eben ohne zusätzlichen Zeiteinsatz. Ich kann
mich gut daran erinnern, wie ich mich noch fast ungläubig über die Verbuchung
der ersten Monatsdividenden auf meinem Depotkonto gefreut habe!

Alex Fischer: Das kann ich bestätigen und es motiviert ungemein. Erzielst du
noch auf andere Art und Weise regelmäßige und vielleicht auch passive Erträge?

Luis Pazos: Mit Ausnahme der Land- und Forstwirtschaft erziele ich Einnahmen
aus allen Einkunftsarten, die das deutsche Einkommensteuergesetz kennt. Re-
dundanz schafft eben Sicherheit, das gilt auch für Zahlungsströme. Die Tatsache,
dass ich auch einer klassischen „nichtselbständigen Arbeit" nachgehe, bedeutet
natürlich keineswegs, dass ich im Hamsterrad meine Runden drehe. Im Gegenteil.
Den Hamsterrad-Mythos halte ich für deutlich überstrapaziert und spätestens
dann, wenn wirtschaftlich abhängige Familienmitglieder im Spiel sind, für gefährlich.

Alex Fischer: Auf verschiedenste Einkommensarten zu setzen macht absolut Sinn. Das ist bei mir nicht anders und meine Dividenden sind aus passiver Sicht auch die wichtigste Einkommensquelle. Wie verhält sich das bei deinen Erträgen?

Luis Pazos: Die wichtigste im Sinne der passivsten Einkommensquelle sind für mich ganz klar auch die Dividendenerträge. Das liegt schlichtweg daran, dass ein einmal eingerichtetes Weltportfolio ausschüttungsstarker Wertpapiere den vermutlich geringsten Zeitaufwand aller vergleichbaren Alternativen erfordert. Mich kostet beispielsweise die Nachjustierung, die ich einmal im Jahr vornehme, etwa ein halbe Stunde Zeit, hinzukommen circa zwei Stunden, die ich für die Erstellung der Steuererklärung nebst Anlagen benötige. Letzteres allerdings nur, weil ich nicht auf die Unterstützung eines Steuerberaters zurückgreife.
Tja, ab wann ist ein Einkommen passiv? Letztlich ist das ein relativer Begriff, der sich auf Erträge bezieht, die nur mittelbar an eine persönliche Leistungserbringung geknüpft sind. Wobei die zu erbringende Leistung, die sich nie ganz eliminieren lässt, lediglich einen relativ niedrigen zeitlichen Aufwand nach sich ziehen darf. Zur Klarstellung: Natürlich müssen die investiven Mittel zuvor aktiv erwirtschaftet worden sein, sei es vom Investor selbst, einem Gönner oder Erblasser – um mich auf die legalen Übertragungswege zu beschränken. Was nun die Passivität angeht, sind Dividenden a la longue nur schwer zu schlagen. Nach meinen Kenntnissen und Erfahrungen ist das weder mit Crowdinvesting, Immobilien oder P2P-Krediten möglich, ganz zu schweigen von Affiliate-Marketing, Amazon FBA, Dropshipping, Eigenverlagen und Onlinekursen.

Alex Fischer: Wie erwartet, spielen Dividenden bei dir eine wichtige Rolle. Kannst du dich noch an deine erste Dividenden-Aktie erinnern und war es bereits ein REIT?

Luis Pazos: Die erste Aktie, aus der mir Dividendenzahlungen zugeflossen sind, war die der Bayer AG. Gekauft habe ich diese im August 1994 am Tresen der örtlichen Sparkasse. Den Auftrag habe ich noch handschriftlich auf Durchschlagspapier quittiert, ganz ohne umfassende Rechtsbelehrung seitens der Kundenbetreuerin. Einige Tage später habe ich dann per Post die Kaufbestätigung und Spesenabrechnung erhalten. Verkauft habe ich die Aktie dann einige Jahre später, die konkrete Spur habe ich allerdings verloren. Speziell mit ausschüttungsstarken Instrumenten wie beispielsweise REITs beschäftige ich mich seit 2002. In jenem Jahr bin ich zufällig auf den kanadischen Wertpapiermarkt gestoßen und war fasziniert davon, dass es tatsächlich Titel gibt, die monatlich ausschütten. Da wusste ich, dass ich „mein Ding" gefunden hatte.

Alex Fischer: Unser Ding sind eben Dividenden und wir beide sehen sicherlich mehr die Vorteile darin. Aber es gibt sicherlich auch Nachteile und Risiken oder?

Luis Pazos: Ich selbst propagiere ja konsequent, dass Wertpapierausschüttungen das passivster aller passiven Einkommen sind, zur Begründung verweise ich auf meine Antwort zu einer zuvor beantworteten Frage. Und REITs sind ja nichts anderes als besonders regulierte Dividendenwerte mit eigener Gesetzgebung. Über die Vor- und Nachteile dividendenorientierter Dividendenstrategien lässt sich indes ein ganzes Buch füllen und mehrere Dutzend Seiten meines Titels Bargeld statt Buchgewinn thematisiert ja genau diesen Aspekt.

Der aus meiner Sicht wichtigste (Investoren-)Vorteil auf Unternehmensebene ist der Disziplinierungseffekt auf das Management, den eine Verpflichtung zu einem bestimmten Ausschüttungsregime hat – Stichworte: Empire-Building-Effekt und Größenwahn. Schöne Beispiele hierfür sind die milliardenschwere Hochzeit und die noch teurere Scheidung von Daimler und Chrysler oder die Art und Weise, wie die Deutsche Bank seit Jahren intern ausgeplündert wird (zwischen 2000 und 2018 wurden geschätzte 90 Milliarden Euro an Boni ausgeschüttet, jedoch nur 13

Milliarden Euro an Dividenden). Nachteilig wirken sich Dividenden natürlich unmittelbar auf die Liquidität des jeweiligen Unternehmens aus, was in Wachstumsphasen die Innenfinanzierungskraft sicherlich limitiert und mögliche Chancen hemmen könnte.

Anleger wiederum nehmen mit einer ausschüttungsorientierten Strategie unmittelbar einen steuerlichen Nachteil in Kauf. Wären, wie vor 2009, Spekulationsgewinne nach einer Haltefrist von einem Jahr (noch früher war es sogar nur ein halbes Jahr) steuerfrei, würde ich mir eine Ausrichtung auf Dividendenwerte tatsächlich ernsthaft überlegen. Mit der heutigen Steuergesetzgebung ist der Nettoeffekt indes nur schwer zu kalkulieren, da verschiedene Faktorprämien (zum Beispiel der Value-Faktor) und Phänomene wie eben der Empire-Building-Effekt mit einfließen. Auf keinen Fall sollten Investoren der falschen Versuchung erlegen und Dividenden als Zinsersatz auffassen – denn es sind zwei völlig unterschiedliche Größen!

Was die Dividenden von REITs angeht, halte ich diese grundsätzlich weder für „sicherer" noch für „unsicherer" als diejenigen „normaler" Aktien. Das liegt daran, dass das Spektrum hier wie dort unheimlich breit ist. Ein konservativ finanzierter REIT, der Wohnungskomplexe in attraktiven Lagen verwaltet verfügt vermutlich über einen sichereren Zahlungsstrom als ein im intensiven Wettbewerb stehender Hersteller konjunktursensibler Investitionsgüter. Ein stark verschuldeter REIT, der Einkaufszentren in der „Pampa" betreibt und stark vom Amazon-Effekt bedroht ist, dessen Liquidität ist sicherlich gefährdeter als die eines etablierten Betreibers volkswirtschaftlich unverzichtbarer Infrastrukturanlagen.

Alex Fischer: REITs haben nicht nur einen eigenen Namen, sie sind auch von ihrer Gestaltung her anders aufgestellt. Macht ist das Besondere an ihnen und für wen eignen sich REITs?

Luis Pazos: REITs unterliegen grundsätzlich einer speziellen länderspezifischen Gesetzgebung, in Deutschland beispielsweise dem Gesetz über deutsche Immobilien-Aktiengesellschaften mit börsennotierten Anteilen (REIT-Gesetz). Bei allen Unterschieden ist den international verbreiteten Gesetzwerken eins gemein: Zum einen sind die Erträge auf Ebene des Unternehmens zumindest teilweise steuerfrei, zum anderen schreiben sie Mindestausschüttungsquoten nach Kosten und Investitionen vor. Beide Faktoren in Kombination führen zu vergleichsweise hohen Dividendenrenditen von REITs. Auf der anderen Seite zählen Immobiliengesellschaften nicht zur technischen Avantgarde und weisen nur beschränkte Wachstumschancen respektive Kursphantasien auf. In Summe sprechen REITs daher vor allem einkommensorientierte Investoren an, denen regelmäßige Ausschüttungen wichtiger als die sporadischen Kurskapriolen sind. Tatsächlich werden sie vor allem im angelsächsischen Raum, wo die private Altersvorsorge seit jeher einen bedeutenden Stellenwert einnimmt, gerne von aktuellen wie künftigen Rentnern erworben und gehalten.

Alex Fischer: Aus REITS und Hochdividenden Aktien ziehst du zu einem großen Teil deine Erträge. Für den Aufbau eines solchen Depots bist du sicherlich strategisch vorgegangen. Wie sieht deine Anlagestrategie im Detail aus?

Luis Pazos: Ich habe mir schon vor vielen Jahren ein Regelwerk gegeben und meine Strategie(-en) schriftlich fixiert, unter anderem auch, um des Investors generelle Neigung zum beständigen Wechsel Herr zu werden. So ein Kanon ist natürlich kein Dogma, Änderungen sollten jedoch nur bewusst und gezielt sowie zu bestimmten Terminen, zum Beispiel zweimal im Jahr, erfolgen, um sich Moden und Trends zu entziehen. Unabhängig vom konkreten Ansatz empfehle ich jedem Investor eine Verschriftlichung seiner Strategie – das ist in vielerlei Hinsicht extrem hilfreich! Meine persönliche Strategie im Wertpapierbereich besteht im Ausbau eines risikogewichteten Hochdividendenwerte-Weltportfolios. Dieses setzt sich aktuell aus vier Subportfolios zusammen, nämlich jeweils einem Offensiv-, einem Defensiv-, einem REIT- sowie einem Hochdividenden-Aristokraten-Portfolio. Gekauft wird einmal im Jahr Anfang Januar, Verkäufe tätige ich nur, wenn ein Titel bei der jährlichen Überprüfung nicht mehr dem Kriterienkatalog der entsprechenden Subkategorie entspricht. Die Kriterienkataloge selbst orientieren sich an quantifizierbaren Größen wozu ich vor allem die Bilanzen heranziehe. Strategische Aspekte („Essen/Wohnen/Fahren/Kommunizieren müssen die Leute immer!") sind eher von untergeordneter Bedeutung. In Geschäftsmodelle, die ich nicht verstehe, investiere ich selbstverständlich nicht. Das gilt übrigens auch, wenn ich die Bilanz nicht nachvollziehen kann. Die in meinen vier Subportfolios enthaltenen Titel habe ich übrigens im Premiumbereich meines Blogs hinterlegt, Änderungen dokumentiere ich hier regelmäßig.

Alex Fischer: Gibt es in deinem Depot eine Lieblingsaktie? Und wenn ja, was macht sie so besonders für dich?

Luis Pazos: Tatsächlich halte ich mit der Einbecker Brauhaus AG eine Lieblingsaktie, die ich weder aus Einkommens- noch aus Spekulationsmotiven, sondern rein aus emotionaler Verbundenheit und zur persönlichen Pflege der Aktienkultur erworben habe – mit „Spielgeld" versteht sich, also einer Summe, deren Verlust ich problemlos verschmerzen kann. Als Nischen- und Nebenwert mit einer Marktkapitalisierung von wenigen Millionen Euro, der an den Börsen Berlin und Hannover gehandelt wird, weist der Kurs seit Jahren gen Süden. Das Kurs-Gewinn-Verhältnis betrug 2017 bereits über 80, die Dividendenrendite unter ein Prozent und trotz meines persönlichen Einsatzes mit intensiver Nutzung der Produktpalette ist das Unternehmen 2018 in die roten Zahlen gerutscht. Kurz und gut eine Aktie, die ich unter – Achtung, Wortspiel! – nüchternen Gesichtspunkten nicht mit der Kneifzange anfassen würde. Aber Zahlen sind nicht alles. Das großräumig in Fachwerk eingebettete Brauhaus atmet eine jahrhundertealte

Geschichte, die im Zeitalter der Hanse „globale" Marke und das kaum veränderte Produkt fasziniert nach wie vor und ist regional omnipräsent; natürlich auch in meinem Keller. Zudem ermöglicht mir die räumliche Nähe – ich wohne nur wenige Kilometer vom Unternehmenssitz entfernt – das Aktionärsdasein in all seinen Facetten zu leben. Was soll ich da mit einem schnöden Chart anfangen!

Alex Fischer: Ein Paradebeispiel für die Aktionärskultur in Deutschland, die sonst dann doch sehr mau ist. Sollten nicht viel mehr Menschen Lieblingsaktien haben und sich für das Thema Börse begeistern?

Luis Pazos: Der reinen Lehre folgend sollten sich Anleger vor „Lieblingsaktien" hüten. Auf der anderen Seite können „Lieblingsaktien" allerdings durchaus hilfreich sein, um eine einmal eingeschlagene Strategie durchzuhalten. Ich möchte das an einem anderen Beispiel verdeutlichen. Lange Zeit habe ich auf meinem Blog, in Vorträgen wie Seminaren propagiert, eine Dividendenstrategie würde sich erst ab einem gewissen Anlagebetrag lohnen, der auch einen substanziellen Dividendenstrom sicherstellen würde. Ein junger Leser meines Blogs hat mich diesbezüglich angeschrieben und mir mitgeteilt, dass er diese Aussage ganz und gar nicht nachvollziehen könne. Trotz eines relativ bescheidenen Vermögens würde er strikt eine Dividendenstrategie verfolgen. Als Begründung fügte er an, die laufenden und durch Wiederanlage wachsenden Zahlungseingänge würden ihn in hohem Maße erfreuen und sehr motivieren, bei der Stange zu bleiben – auch wenn es derzeit im Schnitt nur wenige Dutzend Euro pro Monat seien.
Diese weichen Faktoren hatte ich zuvor anscheinend unterschätzt. Und analog zu Dividendenaktien gilt: Besser Lieblingsaktien als gar keine Aktien! Wenn der Ansatz dem Anleger durchzuhalten hilft und dieser zumindest einige wesentliche Anlagegrundsätze beachtet, warum nicht? Übrigens versuche ich auch meinen Kindern die Welt der Aktien über ihnen bekannte Unternehmen und Produkte näher zu bringen, nicht über für sie dann doch zu abstrakte Exchange Traded

Funds (ETFs). Diese Überlegungen vorangestellt können sich auch REITs für bestimmte Börseneinsteiger sehr gut eignen. Zwei Grundvoraussetzungen sind allerdings erforderlich. Zum einen der Fokus auf eine ausschüttungsorientierte Strategie, der REITs ja per Definition verpflichtet sind. Zum anderen die Bereitschaft, an den Chancen und Risiken der Immobilienwirtschaft zu partizipieren. Von der konservativen Equity-REIT-Anleihe bis zum gehebelten Mortgage-REIT-Zertifikat bietet sie ein sehr breites Spektrum für das individuelle, risikogewichtete Immobilien-Weltportfolio.

Alex Fischer: Dass du schon seit vielen Jahren am Markt aktiv bist, merkt man schnell anhand deiner Ausführungen. Vielen Dank für deine Einblicke. Kannst du uns denn auch zwei interessante Stories liefern, was deine Highlights betreffen oder wo du auch mal so richtig ins Klo gegriffen hast?

Luis Pazos: Meine beiden vermutlich besten Investitionsentscheidungen haben ironischerweise weder etwas mit Dividendenaktien noch mit REITs zu tun. Ein glückliches Händchen hatte ich zum einen bei Investitionen in börsennotierte Gold- und Silberminen Anfang der 2000er Jahre. Dieses resultierte selbstverständlich aus dem Zusammentreffen mehrerer glücklicher Zufälle und ist nicht auf meine prognostischen Fähigkeiten zurückzuführen. Gleiches gilt für eine Messi-Wohnung, die ich aufgrund des Zeitdrucks der Verkäufer sowie zu diesem Zeitpunkt gerade vorhandener liquider Mittel äußerst günstig erwerben konnte – einen solventen und ruhigen Neumieter inklusive. Einige Zeit später wurde das ohnehin gute Viertel dann auch noch durch Abrisse und Neubauten deutlich aufgewertet. Nun ja, so ein Schwarzer Schwan kann bisweilen ja auch Positives ausbrüten.

Bisweilen vernichtet er aber auch ordentlich Börsenkapitalisierung. So wie bei meiner vermutlich schlechtesten Investition. Mit Allied Capital, einer Business Development Company, einer speziellen Form börsennotierter US-

Beteiligungsgesellschaften, habe ich etwa 80 Prozent meines Einsatzes während der Weltfinanzkrise verloren. Dabei sah das Zahlenwerk zuvor durchaus verlockend aus: Das Unternehmen war in ein breit diversifiziertes Portfolio US-amerikanischer Firmen investiert, die Bilanz sehr solide, Schulden kaum vorhanden und zudem per Gesetz beschränkt, der Kapitalfluss üppig. Zudem war die Dividende seit dem Börsengang im Jahr 1960 (!) nie ausgesetzt oder gekürzt worden. 2008 ist Allied Capital dann von über 30 auf unter einen US-Dollar abgestürzt. Was war der entscheidende Auslöser? Für eine einzige Beteiligung hatte Allied Capital als Garantiegeber gebürgt, um deren Zinskosten zu drücken. Dummerweise war das ein auf Unternehmensfinanzierungen spezialisierter Dienstleister, der im Zuge der Krise in Konkurs ging und Allied Capital mit in den Abgrund riss.

Welche Lehren habe ich daraus gezogen? Zum einen die Einsicht, dass so ein Schwarzer Schwan keineswegs eine abstrakte Denkfigur ist, sondern unverhofft zu einem sehr persönlichen Haustier werden kann. Zum zweiten die Erkenntnis, dass für „Nichtinsider" immer ein Einzelwertrisiko besteht, welches sich auch durch die beste Fundamentalanalyse nicht ausschließen lässt.

Alex Fischer: Das sind ja mal zwei total gegensätzliche Erlebnisse und dennoch konntest du aus beiden deine Lehren ziehen. Hätte es etwas gebracht, wenn du dich in der Vergangenheit besuchen und dir diese Erkenntnisse und Erfahrungen hättest überbringen können?

Luis Pazos: Nein, das würde vermutlich nicht funktionieren, da der Weg das Ziel beziehungsweise das Leben wie ein guter spanischer Rotwein ist. Der braucht halt Zeit um zu reifen und seine Aromen zur vollen Entfaltung bringen zu können. Zudem neigen wir ja alle zu Rückschaufehlern. Und wir verklären die Vergangenheit, zahlreiche „richtige" Entscheidungen haben wir entweder nur zufällig getroffen oder aber vor allem deshalb, weil der Weg zur „falschen" gerade verbaut war.

Jenseits etwaiger Zeitschleifen und Schmetterlingseffekte gibt es zumindest drei Metathemen, mit denen auseinanderzusetzen ich jungen Menschen empfehlen würde. Zum einen der Aufbau von Expertenwissen in einem Neigungsfach. Zum anderen die nebenberufliche Selbständigkeit und zum dritten das persönliche Finanzmanagement. Was die Umsetzung der drei Punkte angeht sind wir wiederum beim Faktor Zeit und damit Reife angelangt ...

Alex Fischer: Was reif ist, muss geerntet werden. Wie sieht deine Erntezeit aus oder anderes gefragt, wie sehen deine Ideen und Planungen für die kommenden 5-10 Jahren aus.

Luis Pazos: Vermutlich bin ich in einem Alter, beziehungsweise habe ich einen finanziellen Reifegrad erreicht, wo es weniger um prinzipielle denn graduelle Ziele geht. Natürlich werde ich mein Hochdividenden-Weltportfolio weiter ausbauen und nach Möglichkeit den regelmäßigen Zahlungsstrom erhöhen. Fünf bis zehn Jahre sind da eine lange Zeit mit reichlich Spielraum für Schwarze Schwäne. Deren positive wie negative Auswirkungen ich ohnehin nicht beeinflussen kann. Anders sieht es da schon beim nicht nur finanziellen Rüstzeug für die kommende Generation aus. In den nächsten zehn Jahren werde ich dieses meinen Kindern noch mitgeben können, was ich nicht zuletzt in Tradition meiner Großmutter als dringlichste und wichtigste Aufgabe ansehe.

Darüber hinaus werde ich natürlich „mein" Thema mit dem Blog als Knotenpunkt weiter in die Fläche tragen. In den letzten beiden Jahren habe ich gemerkt, wie stark das Thema zieht. Vor allem bei der Generation ab 35 Jahren mit frei verfügbarem Geld- beziehungsweise Anlagevermögen. Eine selbstbestimmte monatliche Rente im klassischen Sinn, also unabhängig von der bürokratisch administrierten Altersruhegrenze, verschafft eben auch ein Stück weit finanzielle Sicherheit. Und selbstverständlich plane ich mich in dem Zeitraum auch selbst weiterzubilden und fachlich wie persönlich weiterzuentwickeln. Wenn wir allein auf die letzte Dekade zurückblicken, das tastenlose Mobiltelefon entwuchs zu Beginn derselben langsam den Kinderschuhen, sind zehn Jahre eine sehr lange Zeit! Ich bin gespannt darauf, was vor uns liegt.

Alex Fischer: Du sagst selbst, dass für dich das stetige Weiterbilden wichtig ist. Kannst du unseren Lesern ein paar Bücher empfehlen, mit denen sie eine bessere Beziehung zum Thema Geld aufbauen können? Und was ich persönlich gern wissen würde: Wird es ein drittes Buch von Luis Pazos geben und kannst du schon was dazu verraten?

Luis Pazos: Aus meiner Sicht fast schon ein Muss ist für jeden Börseninteressierten das Buch „Der Crash der Theorien: Eine neue Sichtweise von Wirtschaft und Börse" von Bernd Niquet. Es ist keine ganz leichte Kost. Es handelt sich um eine abgespeckte Version der Dissertation des Autors. Die erkenntnistheoretische Durchdringung der Finanzmärkte sucht allerdings ihresgleichen. Nebenbei gibt es reichlich ökonomische Bildung. Das Buch wird antiquarisch bereits für wenige Euro angeboten. Noch akademischer und vor allem für Nichtökonomen zugegebenermaßen schwer verdaulich ist das Lehrbuch „Eigentum, Zins und Geld: Ungelöste Rätsel der Wirtschaftswissenschaften" von Gunnar Heinsohn und Otto Steiger. Dafür entlohnt der Titel intellektuell mit der akribischen Analyse der Eigenschaft, Funktion und Wirkung der ökonomischen Schlüsselgröße schlechthin, des Geldes.

An lupenreinen Finanzratgebern habe ich „Überlegen Investieren: Warum sich traditionelle Anlagestrategien doch auszahlen" von Jeremy Siegel mit Gewinn gelesen. Wer sich darüber hinaus die Klassiker von Bogle, Kommer und Kostolany zu Gemüte führt, macht sicherlich nichts falsch. Einen guten und zudem kostenlosen Einstieg in die Materie bietet auch „Genial einfach investieren: Mehr müssen Sie nicht wissen, dass aber unbedingt!" von Professor Martin Weber. Das Buch ist mittlerweile als PDF frei im Netz abrufbar. Und ja, auch ich werde die

Schreibfeder weiterhin schwingen. Zwei konkrete Buchprojekte habe ich in Planung – gedanklich sind sie schon geschrieben. Da ich Recherche wie Inhalt jedoch komplett in Eigenregie realisiere, kann ich leider kein verlässliches Erscheinungsdatum nennen. Zudem haben die laufenden Projekte mit teilweise fixen Terminen klar Vorrang. Was darüber hinaus an freier Projektzeit bleibt, kann ich in die neuen Titel stecken. Inhaltlich wird es in beiden Fällen um die Vertiefung bestimmter Aspekte der einkommensorientierten Geldanlage gehen.

Alex Fischer: Darauf bin ich jetzt schon sehr gespannt Luis. Ich wünsche dir hier viel Inspiration und Kreativität für die Umsetzung. Vielen Dank an dieser Stelle auch für deine umfangreichen Antworten. Magst du uns noch verraten wo dich unsere Leser finden können, wenn sie mehr über dich wissen wollen?

Luis Pazos: Der vermutlich beste Anlaufpunkt hierfür dürfte mein Blog sein. Gestartet als reine Informationsplattform habe ich im Laufe der Zeit ein breites Spektrum kostenloser wie kostenpflichtiger Angebote rund um das Thema Hochdividendenwerte respektive einkommensorientierte Geldanlagen aufgebaut. Zum Start empfehle ich den zehnteiligen Gratiskurs. In die Tiefe gehen dann meine Bücher und alternativ biete ich auch einen Onlinekurs zum Thema Hochdividendenwerte an. Anleger, die zwar schon firm sind, jedoch den Rechercheaufwand minimieren möchten, können auf meinen Premiumbereich zurückgreifen. Hier biete ich umfangreiche Daten, Zahlen und Fakten sowie Datenbanken und Realdepots an. Darüber hinaus finden mehrmals im Jahr Kleingruppenseminare zum Thema Hochdividendenwerte und REITs statt. Ergänzend biete ich Individualschulungen für diejenigen an, die spezifischen Informationsbedarf haben oder einen Sparringspartner für ihre Anlagestrategie benötigen. Flankierende Unterstützung gibt es zudem von der mittlerweile weit über 2.800 Mitglieder zählenden Facebook-Gruppe Einkommensinvestoren. Hierbei handelt es sich um eine geschlossene Gruppe, die ich auch selbst „sauber" halte. Interessenten schalte ich gerne auf Anfrage frei!

Blogbeitrag

https://nurbaresistwahres.de/geldgespraech-zu-gast-bei-alex-fischer

vom 11.10.2019

Rubrik: Strategie

1. Faktencheck – Ein Jahr MiFID II

Handelsbeschränkungen und Anlagealternativen

Kürzlich hat sie ihren ersten Geburtstag begehen dürfen, die am 03. Januar 2018 in Kraft getretene Richtlinie 2014/65/EU über Märkte für Finanzinstrumente. Unter dem Kürzel MiFID II ist sie schnell zum Schreckgespenst aller über den europäischen Wertpapierhorizont blickender Anleger mutiert, zumindest sofern diese auf börsennotierte Fonds und nicht auf Einzeltitel abzielten. Zeit also, sowohl zurück als auch nach vorne zu blicken. Konkret: Inwieweit hat die Richtlinie das Handlungsspektrum von Einkommensinvestoren eingeschränkt und welche Gegenmaßnahmen können diese ergreifen.

Bereits die 2004 vom Europäischen Parlament und Rat verabschiedete MiFID-Richtlinie (Markets in Financial Instruments Directive) verschrieb sich vordergründig dem hehren Ziel des Verbraucherschutzes. Bereits seinerzeit wurden die länderspezifischen Regelungen für Finanzdienstleistungen „mit Bestimmungen zum Anlegerschutz, verbesserter Transparenz der Finanzmärkte und Integrität der Finanzdienstleister erweitert". Als wohl bekannteste Maßnahme müssen Finanzvermittler seither den Kunden Bestandsprovisionen und die Vergütung sogenannter Kickbacks offen legen. Unmittelbare Auswirkungen auf die Handelbarkeit von Wertpapieren hatte die Richtlinie indes nicht.

MiFID II und PRIIP

Genau dieser Punkt änderte sich grundlegend mit Inkrafttreten der Nachfolgerichtlinie MiFID II. Hierfür zeichnete sich vor allem die PRIIP-Verordnung verantwortlich, deren Inhalte in MiFID II übernommen wurden. Auch die PRIIP-Verordnung entsprang dem Europäischen Parlament und Rat, in epischer Breite lautet der vollständige Name „Verordnung über Basisinformationsblätter für verpackte Anlageprodukte für Kleinanleger und Versicherungsanlageprodukte". Auch dieses Maßnahmenpaket wurde angeblich erlassen, um „den Anlegerschutz zu verbessern und so das Vertrauen von Kleinanlegern in den Finanzmarkt zu stärken". Es trat fast zeitgleich mit MiFID II am 01. Januar 2018 in Kraft. Was nun genau sind „verpackte Anlageprodukte" und „Versicherungsanlageprodukte", auf die sich Richtlinie wie Verordnung beziehen? Hierzu gehören im Wesentlichen:

- Strukturierte Finanzprodukte, etwa Optionsscheine, die in Versicherungen, Wertpapiere oder Bankprodukte verpackt sind,
- Finanzprodukte, deren Wert sich von Referenzwerten wie Aktien oder Wechselkursen ableitet (Derivate),
- geschlossene und offene Investmentfonds,
- Versicherungsprodukte mit Anlagecharakter, wie zum Beispiel kapitalbildende und fondsgebundene Lebensversicherungen, sowie
- Instrumente, die von Zweckgesellschaften ausgegeben werden.

Der springende Punkt ist nun, dass hierunter auch börsengehandelte Indexprodukte wie die aufgrund ihres passiven, marktbreiten und kostengünstigen Ansatzes auch bei Einkommensinvestoren beliebten Exchange Traded Funds (ETFs) und Exchange Traded Notes (ETNs) fallen. Welche Auflagen müssen diese nun nach MiFID II und PRIIP erfüllen, um dem „verbesserten Anlegerschutz" Genüge zu tun?

Basisinformationsblatt und Zielmarktdefinition

Es sind vor allem zwei Dokumente, welche jeder Emittent eines entsprechenden Finanzprodukts beziehungsweise Wertpapiers bereitstellen muss, damit die entsprechende Emission vom gemeinen Anleger mit Wohnsitz in der Europäischen Union (EU) gehandelt werden darf. Wie schon im Gratiskurs ausgeführt schreiben Richtlinie wie Verordnung sowohl ein Basisinformationsblatt („Key Investor

Information Document", KIID) als auch eine Zielmarktdefinition in der jeweiligen Landessprache, für hiesige Anleger also auf Deutsch, vor. Beide müssen inhaltlich einheitlichen und formalisierten Mindeststandards genügen, welche (unter anderem) die Bundesanstalt für Finanzdienstleistungsaufsicht (BaFin) vorgibt.

Das Basisinformationsblatt ist als vorvertragliches Dokument dem Anleger vor einem Kauf auszuhändigen. Es soll diesem ermöglichen, „die grundlegenden Merkmale und Risiken von PRIIPs besser zu verstehen. Zudem sollen die Vorgaben für PRIIPs-Basisinformationsblätter dazu führen, dass derartige Produkte europaweit besser vergleichbar sind – sowohl innerhalb eines Sektors, also zum Beispiel unterschiedliche Lebensversicherungspolicen, als auch zwischen verschiedenen Sektoren, so dass etwa eine Lebensversicherungspolice mit einer Anlage in einem Investmentfonds besser verglichen werden kann." Die Zielmarktdefinition umfasst dagegen Angaben zu geeigneten Kundenkategorien, notwendigen Kenntnissen und Erfahrungen, Verlusttragfähigkeit des Anlegers, Rendite-Risiko-Profil der Investitionen sowie Bedürfnissen und Zielen des Kunden. Sie richtet sich vornehmlich an Berater und Produktverkäufer.

Ohne Basisinformationsblatt und Zielmarktdefinition sind die betroffenen Finanzprodukte nicht mehr in jedem Fall zum Handel zugelassen. Im Fall von strukturierten und abgeleiteten Wertpapieren mit Börsennotiz wurden diese im Verlauf des vergangenen Jahres sukzessive von den Banken und Brokern für Privatkunden gesperrt – sofern deren Wohnsitz in der EU liegt und die Institute der MiFID-II-Richtlinie unterliegen. Das gilt übrigens auch, wenn die Kunden entsprechende Papiere bereits im Bestand haben. In diesem Fall sind nur noch Verkäufe möglich.

Paradoxe Konsequenzen der Regulierung

Für zahlreiche Hochdividendenwerte existieren interessante ETFs und ETNs, die teilweise ganze Marktsegmente bündeln und automatisiert und damit ohne Managementrisiken zu niedrigen Kosten dem Publikum zugänglich machen – Beispiele hierfür sind der Alerian MLP ETF oder der sehr beliebte Global X Super-Dividend ETF, die bereits beide an dieser Stelle ausführlich besprochen wurden. Sie erfüllen ein Maximum an Anlegerschutz und Transparenz, also jene beiden Säulen, auf denen das komplexe Regulierungswerk ruht.

Handelbar sind die meisten von ihnen dennoch nicht. Denn in der Regel haben die entsprechenden Emittenten bis heute weder ein Basisinformationsblatt noch eine Zielmarktdefinition vorgelegt, womit ihre Produkte für die Masse der europäischen Kunden nicht handelbar sind. An diesem Zustand dürfte sich auch künftig kaum etwas ändern, da die Emittenten in der Regel ihren (angelsächsischen) Heimatmarkt bedienen und nicht auf europäische Anleger angewiesen sind.

Warum sollte sich beispielsweise eine Fondsgesellschaft für einen US-amerikanischen ETF diese Mühe machen? Seine Heimatbörse liegt in den USA, sein Zielpublikum sind institutionelle Anleger und US-amerikanische Privatinvestoren, die Gewinnmarge ist niedrig, der Kostendruck hoch. Auf „German Money" ist der Emittent in der Regel nicht angewiesen. Zudem ist die umfangreiche Materie nicht leicht zu verdauen. Auch nicht für Finanzprofis, wie die Antwort der Fondsgesellschaft Global X Funds auf Nachfrage eines Lesers belegt: „While US registered ETFs are not subject to MIFID II, we are working to understand the implications of the new EU regulations on EU brokers that may provide access to our products on their platforms."

Anleger, die entsprechende Strategien dennoch umsetzen wollen, müssen oft kostenintensivere, intransparentere oder riskantere Umwege – zum Beispiel über die nicht von der Richtlinie erfassten Einzelwerte – nehmen. Ist die MiFID-II-Richtlinie also ein weiterer fehlgeleiteter Schildbürgerstreich der Brüsseler Bürokratenschmiede? Mitnichten. Sie dürfte ihr Ziel sogar voll erreicht haben. Unter dem Deckmäntelchen des Verbraucherschutzes wurden erfolgreich Markteintrittsbarrieren hochgezogen, die den heimischen Finanzinstituten einen größeren Stück am wachsenden Markt für abgeleitete und strukturierte Finanzprodukte

sichern – zahlreiche Mütter banknaher Emittenten dürften es bitter nötig haben
…

Wohnort- oder Statuswechsel

Welche Möglichkeiten haben Einkommensinvestoren, auf diese Handlungsbeschränkungen zu reagieren? Eine Hoffnung sollten sie in jedem Fall fahren lassen, nämlich die, dass die Richtlinie in ihrem Sinne nachjustiert werden wird. Besser ist es, in die Offensive zu gehen und den Handlungsspielraum eigenmächtig zu erweitern. Welche Optionen stehen entsprechend disponierten Anlegern zur Verfügung?

Die offensichtlichste besteht darin, den Wohnort zu wechseln. Sofern dem depotführenden Institut ein Wohnsitz außerhalb der EU nachgewiesen wird, zum Beispiel durch den entsprechenden Vermerk auf einem Identitätsnachweis, die Bescheinigung einer Behörde oder eine Versorgungsrechnung, kann dieses die Handelsbeschränkungen aufheben. Das gilt übrigens völlig unabhängig von der Staatsangehörigkeit des Kunden. Eventuell können hierbei auch im EU-Ausland ansässige Freunde und Verwandte behilflich sein.

Eine weitere Möglichkeit besteht darin, den Kundenstatus zu ändern, die Richtlinie gilt nämlich nur für Privatanleger und nicht für institutionelle Investoren – die sind der juristischen Logik folgend nämlich nicht schutzbedürftig und für ihre Handlungen selbst voll verantwortlich. Der Statuswechsel ist allerdings schwierig zu bewerkstelligen. Bei Interactive Brokers, einem der weltweit größten Broker, sind die Hürden noch relativ niedrig und dennoch für die meisten Anleger kaum erreichbar. Das Institut verlangt hierfür

- einen Wertpapierbestand von 50.000 Euro bei gleichzeitigem Nachweis eines Ordervolumens von mehr als 200.000 Euro innerhalb des letzten Jahres und mindestens 10 Aufträgen pro Quartal oder
- einen Wertpapierbestand von über 500.000 Euro oder

- den Nachweis über eine berufliche Tätigkeit im Wertpapierhandel von mindestens einem Jahr.

Wechsel zu ausländischen Depotbanken

Wesentlich einfacher ist da schon der Wechsel zu einer Bank oder einem Broker, der nicht der EU-Richtlinie unterliegt. Aber Achtung: Das muss nicht automatisch der Fall sein, nur weil das Institut seinen Sitz außerhalb der EU hat. Der Grund dafür ist das sogenannte Marktortprinzip. Demnach müssen Banken, die innerhalb der EU Dienstleistungen anbieten möchten, wozu allein schon das Bewerben selbiger zählt, eine Banklizenz im jeweiligen Land beantragen. In Deutschland vergibt diese die BaFin, selbstverständlich verbunden mit der Auflage, sämtlichen nationalen und europäischen Vorgaben Folge zu leisten.

So kommt es dann auch, dass Interactive Brokers mit seinen Wiederverkäufern CapTrader und LYNX Broker unter der Knute von MiFID II steht – zu lukrativ sind dem Konzern die potenziell Millionen von Tradern, die sehr gut ohne „exotische" ETFs leben können. Auch der Schweizer Ableger von Degiro, einem niederländischen Discountbroker, hat mit knapp einem Jahr Verspätung reagiert und das MiFID-II-Reglement zum 01. Januar 2019 umgesetzt – vermutlich auch aufgrund einer konzernweiten Vereinheitlichung, der Kundenservice spricht von einer „bewussten internen Entscheidung".

Eine MiFID-II-freie Alternative im deutschsprachigen Raum ist in jedem Fall die Schweizer Swissquote. Der Broker bietet von sich aus keine Bankdienstleistungen für Bürger mit Wohnsitz in der EU an und hat das auch nicht vor. Aus dem Grund unterliegt das Institut auch ausschließlich der Schweizer Aufsicht, mangels BaFin-Bewilligung darf Swissquote in Deutschland auch nicht aktiv um Kunden werben. Auch nicht durch Zahlung von Provisionen – vermutlich der Hauptgrund, warum das Institut hierzulande weitestgehend unbekannt ist. Weitere potenzielle Kandidaten wären meintrade.ch, Cash Banking und Saxo Bank Schweiz, wobei ich bei diesen im Gegensatz zur Swissquote über keinerlei persönliche Erfahrungswerte verfüge.

Auf Wertpapieralternativen ausweichen

Wer aus welchen Gründen auch immer keinen ausländischen Broker nutzen möchte (obgleich die Wertpapiere unabhängig vom Anbieter ohnehin meist bei einer Handvoll Zentalverwahrern wie Clearsteam gelagert werden), kann in der Regel auf Anlagealternativen ausweichen. So unterbindet MiFID II zwar den Handel mit ETFs und ETNs, nicht jedoch mit australischen Investment Companies, kanadischen Trusts oder US-amerikanischen Closed-end Funds (CEFs), die technisch als Aktien gelten. All diese Alternativen lassen sich ohne Einschränkungen zum Beispiel über CapTrader oder LYNX Broker ordern, sollten aber auch über die meisten inländischen Banken handelbar ein. Folgende Tabelle gibt einen Überblick über beliebte ETFs aus meinem Premiumbereich und mögliche Investitionsalternativen:

- ETF: Betashares Australian TOP 20 Equity ETF, Alternative: Djerriwarrh Investments (ASX: DJW)
- ETF: Alerian MLP ETF, Alternative: Kayne Anderson MLP Midstream Investment Company (NYSE: KYN)
- ETF: Global X SuperDividend ETF, Alternative: Eaton Vance Tax-Advantaged Global Dividend Income Fund (NYSE: ETG)
- ETF: iShares Mortgage Real Estate ETF, Alternative: BlackRock Income Trust (NYSE: BKT)
- ETF: Van Eck BDC ETF, Alternative: First Trust Specialty Finance and Financial Opportunities Fund (NYSE: FGB)

Gerne stelle ich auf Wunsch die hier gelisteten Anlagealternativen in einem gesonderten Blogbeitrag detailliert vor. Ein Hinweis zur Handelbarkeit der Anlagealternativen darf allerdings nicht fehlen: Zahlreiche deutsche Banken und Broker haben das Kind mit dem Bade ausgeschüttet, sprich im Zuge der Umsetzung von

MiFID II zahlreiche Titel gesperrt, die von der Richtlinie gar nicht erfasst werden. Dies betrifft insbesondere CEFs und REITs, bei denen es sich weder um abgeleitete noch strukturierte Wertpapiere, sondern technisch betrachtet um Aktien handelt. An dieser Stelle verweise ich an meine Depotbankempfehlungen.

Verkaufsoptionen und Depotübertrag

Abschließend möchte ich noch zwei unorthodoxe Methoden vorstellen, mit der sich die Einschränkungen für Privatanleger mit MiFID-II-regulierten Depotbankverbindungen ganz legal umgehen lassen. Investoren, die im Handel mit Optionen bewandert sind, können einen sogenannten Short Put schreiben, also eine Verkaufsoption auf den gewünschten ETF verkaufen. Sinkt der Kurs des ETFs unter den Ausübungspreis, bekommt der Verkäufer der Option das Papier angedient und die Position wird trotz MiFID II im Depot eingebucht. Freilich ist diese indirekte Methode aufwändiger als der direkte Erwerb und setze neben den notwendigen Kenntnissen auch voraus, dass eine Nachfrage nach Optionen auf den gewünschten ETF existiert.

Eine weitere Alternative besteht darin, ein möglichst kostengünstiges Zweitdepot bei einem Institut zu eröffnen, welches nicht der MiFID-II-Richtlinie unterliegt. Das Depot wird fortan ausschließlich für den Kauf der über das Erstdepot unzugänglichen ETFs genutzt. Diese Wertpapierpositionen werden nach dem Kauf dann auf das Erstdepot, zum Beispiel in Deutschland, übertragen. Auch ein derartiger Wertpapiertransfer wird anstandslos eingebucht, da es sich hierbei um eine Bestandsgröße und keinen Neuerwerb handelt. Gleichwohl produziert dieser höhere Kosten und mehr Aufwand als der Direktbezug, dafür hält der Anleger im Anschluss das gewünschte Papier bei seinem heimischen Institut.

Blogbeitrag

https://nurbaresistwahres.de/faktencheck-ein-jahr-mifid-ii
vom 12.01.2019

2. Faktencheck – Lohnt sich Crowdinvesting?

Außerbörsliches Beteiligungskapital

Neben börsennotierten Hochdividendenwerten im Allgemeinen und REITs im Speziellen habe ich in der Vergangenheit gelegentlich auch ausschüttungsstarke Alternativen vorgestellt und bisweilen sogar davor gewarnt. Wer im außerbörslichen Umfeld nach Unternehmens- und Immobilienbeteiligungen Ausschau hält, wird früher oder später auf das in den letzten Jahren immer populärer gewordene Crowdfunding oder Crowdinvesting stoßen.

Obwohl ich mit ReaCapital und Kapilendo bereits zwei Anbieter einem Geldgespräch unterzogen habe, ist Crowdfunding nicht mein Steckenpferd. Dafür das von Raphael Stange und Paul Scheffler. Die beiden betreiben seit September 2018 gemeinsam den Finanzblog „kreativ-investieren" mit dem Ziel, ihren Lesern die Welt der Finanzen näher zu bringen. So hat es mich denn auch gefreut, dass sie sich bereit erklärt haben, das Thema Crowdinvesting grundlegend zu erörtern. Ihr Beitrag ist gleichzeitig der erste Gastartikel auf *Nur Bares ist Wahres!* – Vorhang auf für die Premiere:

Was ist Sharing Economy?

In den letzten Jahren wurde der Begriff der Sharing Economy in den Medien sehr häufig thematisiert. Der Grundgedanke ist dabei oftmals, dass ungenutzte Ressourcen sinnvoll mit unseren Mitmenschen geteilt werden können. Eine der wohl bekanntesten Formen der Sharing Economy sind beispielsweise Mitfahrzentralen. Meistens läuft es dabei so ab, dass Person A eine bestimmte Strecke mit seinem Auto zurücklegen möchte, zum Beispiel von Berlin nach Stuttgart. Während bei solchen Fahrten der Fahrer meistens alleine die Reise antritt, bleiben die restlichen Sitzplätze im Auto unbelegt.

Das ist nicht nur aus ökologischer Sicht etwas zweifelhaft, sondern auch aus ökonomischer! Wenn es sich also nicht um eine spontane Fahrt handelt, dann wäre es für Person A eine Überlegung wert, die geplante Fahrt in einem entsprechenden Forum oder auf einer Plattform zu registrieren, sodass Person B sich der Tour anschließen kann. Neben vielen weiteren positiven Aspekten einer solchen Vorgehensweise, wäre der größte Vorteil für Person A dabei, dass Person B sich an den Kosten für die Fahrt beteiligt. Person B hingegen kann von den überschüssigen Ressourcen von Person A profitieren und kostengünstig seine Reise antreten.

Was verbindet Share Economy und Crowdfunding?

Mittlerweile gibt es im Alltag viele Beispiele, die sich in den Bereich der Share Economy einordnen lassen. Wenn wir nun unseren Fokus vom Konsum abwenden und uns mit dem Thema Investitionen beschäftigen, dann werden wir schnell feststellen, dass es auch in diesem Bereich Beispiele für die Sharing Economy gibt. Im Zusammenhang mit Investments wäre die „überschüssige Ressource", die mit den Mitmenschen geteilt werden kann, dann ein Investitionsprojekt, an dem wir uns beteiligen können. Das mag im ersten Moment etwas abstrakt klingen, lässt sich aber leicht anhand eines Beispiels erklären.

Nehmen wir an, dass ein zahlungskräftiger Investor ein Pflegeheim als Kapitalanlage errichten möchte. Das notwendige Kapital dafür könnte er möglicherweise zwar selbst beschaffen, aber dennoch könnte es für diesen Investor Sinn machen, es anderen Menschen zu ermöglichen, an seinem Bauprojekt teilzuhaben. Aus Sicht des Hauptinvestors könnte ein einziges – und dazu womöglich sehr kapitalintensives – Investitionsprojekt zu einem hohen „Klumpenrisiko" führen. Das heißt, wenn dem Investor 5 Millionen Euro zur Verfügung stünden und der geplante Bau des Pflegeheimes würde geschätzte 5 Millionen Euro kosten, dann wäre sein gesamtes Kapital in diesem einen Investment gebunden. Das kann natürlich gut gehen, scheint aber im Sinne der Risikostreuung nicht optimal zu sein. Stattdessen könnte der Investor darüber nachdenken, nur einen Teil seines Kapitals in das besagte Pflegeheim zu investieren und mit dem restlichen Geld eine andere Investition zu tätigen.

Wie werden Investitionsprojekte finanziert?

Wenn wir bei dem gerade beschriebenen Beispiel bleiben, dann stellt sich die Frage, wie der Großinvestor die entstandene Kapitallücke schließen möchte. Die Antwort darauf könnte (neben vielen weiteren Möglichkeiten) „Crowdinvesting" beziehungsweise „Crowdfunding" lauten. Das Wort „Crowd" kommt aus dem Englischen und bedeutet nichts anderes als „Menge" oder „Masse". Bei bestimmten (oftmals relativ riskanten) Projekten, kommt es in letzter Zeit immer häufiger vor, dass die Verantwortlichen sich für die Finanzierungsform des Cowdinvesting oder Crowdfunding entscheiden. Im Klartext bedeutet das, dass die benötigte Kapitalmenge in viele kleine Portionen zerlegt wird und nach potenziellen Investoren gesucht wird.

Aus der Perspektive von uns Privatanlegern bietet sich dann die Möglichkeit, mit relativ kleinen Beträgen an größeren Investitionsprojekten teilnehmen zu können. In den letzten Jahren sind Crowdfunding-Projekte immer beliebter geworden und es kann in die verschiedensten Dinge investiert werden. Als Paradebeispiel für ein gelungenes Crowfunding-Projekt wird dabei häufig der Stromberg-Film angeführt. Mehr als 3.000 Kleinanleger haben die Summe von einer Million Euro aufgebracht, um das Filmprojekt umsetzen zu können. Nach der erfolgreichen Finanzierung entwickelte sich der Film auch zu einem kommerziellen Erfolg und die Produktionsfirma Brainpool schüttete einen Teil des Gewinns an die Anleger aus. In drei Jahren wurden dabei knapp 17 Prozent Gesamtrendite erzielt.

Was wird mittels Crowdfunding finanziert?

Nun mag ein Filmprojekt kein alltägliches Investment sein. Vielmehr handelte es sich bei vielen Kleinanlegern hier um eine Herzensangelegenheit. Dennoch kann das Grundprinzip auch auf andere Anlageformen übertragen werden. Am besten eignen sich dafür sehr kapitalintensive Vorhaben, wie zum Beispiel Investitionen in große Immobilienprojekte oder in junge Unternehmen. Die zunehmende Beliebtheit des Crowdinvesting ist dabei für jedermann sichtbar.

Zuletzt schossen entsprechende Plattformen, die Projektinitiatoren und Kleinanleger zusammenbringen sollen, wie Pilze aus dem Boden. Am beliebtesten sind dabei tatsächlich Immobilieninvestitionen. Auf den Plattformen von Exporo, Zinsbaustein, Bergfürst und Co., können interessierte Privatpersonen mit verhältnismäßig kleinen Beträgen in konkrete Immobilienprojekte investieren. Dabei kann es sich um die verschiedensten Projekte handeln, wie zum Beispiel die Polizeiwache von Hattingen oder ein Einkaufszentrum in Darmstadt. Häufig wird dem Anleger schon vorab ein bestimmter Zinssatz für seine Investition versprochen (meistens zwischen 4 und 7 Prozent). Wenn alles gut geht, kann ein solches Geschäft also durchaus lukrativ sein.

Ähnlich ist es übrigens bei Plattformen, die Investitionen in Start-Ups ermöglichen. Spätestens seit dem Erfolg von Sendungen wie „Die Höhle der Löwen" oder „Das Ding des Jahres" üben junge und aufstrebende Unternehmen eine nahezu magische Anziehungskraft auf Investoren aus. Die passenden Plattformen dafür heißen beispielsweise Companisto und Seedmatch. Die Funktionsweise ist der von Immobilienprojekten sehr ähnlich. Mit einem relativ kleinen Beitrag (bei Seedmatch 250 Euro) kann sich der interessierte Anleger an einem Start-Up beteiligen und dafür eine satte Rendite erwarten.

Warum ist eine differenzierte Betrachtung ratsam?

Die Vorteile des Crowdinvesting liegen also auf der Hand. Der Projektinitiator kann sein Risiko streuen und seinen Eigenkapitalbedarf reduzieren und gleichzeitig kann der Privatanleger mit verhältnismäßig wenig Geld in spannende Projekte mit guter Rendite investieren. Doch ist alles tatsächlich so positiv, wie es im ersten Moment scheint? Auf diese Frage gibt es aus unserer Sicht keine 100 Prozent korrekte Antwort. Es muss jedoch jedem Kleinanleger klar sein, dass die Höhe der Rendite in der Regel mit dem Risiko einer Investition korreliert.

Wenn wir also in sehr sichere Anlagen investieren (zum Beispiel deutsche Staatsanleihen) dann werden die Zinsen entsprechend gering sein. Das gilt insbesondere in der aktuell vorherrschenden Niedrigzinspolitik der meisten Zentralbanken. Wer also einerseits bei einem Tagesgeldkonto mit Zinsen von weniger als 1 Prozent pro Jahr rechnen muss, der sollte doch ein wenig differenzierter über Investitionen mit einer versprochenen Rendite nachdenken, die den Leitzins um ein Vielfaches übersteigt. Wir sagen nicht, dass es nicht funktioniert, aber die Anleger sollten sich bewusst sein, dass es gewisse Risiken gibt.

Wie wirkt sich die Niedrigzinspolitik aus?

Ein großes Risiko sehen wir beispielsweise in der soeben erwähnten Niedrigzinspolitik der Zentralbanken. Die Zinsen werden momentan von den Zentralbanken künstlich niedrig gehalten, um das Geld (Kredite) zu verbilligen und Unternehmen auf diesem Wege dazu zu motivieren mehr Investitionen zu tätigen. Diese Maßnahme soll die Wirtschaft in Schwung halten und dabei helfen die Folgen der letzten Finanzkrise zu überwinden. Für uns persönlich stellt sich dann die Frage, warum Projektinitiatoren nicht von diesen günstigen Krediten profitieren möchten und stattdessen lieber verhältnismäßig teures Kapital von Privatanlegern einsammeln? Nun ja, es liegt auf der Hand, dass die Projektverantwortlichen keine Altruisten sind. Die Antwort kann daher nur lauten, dass die meisten Crowdfunding Projekte wohl nicht auf dem normalen Weg von einer Bank finanziert werden würden. Das Risiko wäre aus Sicht der Bank einfach zu hoch. Dies könnte unter Umständen als Indiz dafür gesehen werden, dass die versprochenen Renditen keineswegs so sicher sind, wie sie zunächst erscheinen mögen.

Welche weiteren Risiken gibt es?

Speziell bei Immobilienprojekten gilt es zudem zu beachten, dass (ebenfalls als Folge der Niedrigzinspolitik) die Immobilienpreise in den letzten Jahren extrem stark angestiegen sind. Es darf bezweifelt werden, dass sich dieser Trend unendlich lange fortsetzen wird. Gegebenenfalls könnten die Immobilienpreise zwischenzeitlich sogar etwas nachgeben, wenn der Markt zu sehr überhitzt. Ein weiteres Risiko ist, dass Crowdfunding Projekte oftmals mit Nachrangdarlehen durchgeführt werden. Das heißt, dass die Forderungen des kleinen Privatanlegers erst bedient werden, wenn die „wichtigeren" Gläubiger bereits ihr Geld erhalten haben. Ob dann überhaupt noch etwas Geld übrig bleibt, das an die Anleger ausgeschüttet werden kann, bleibt zumindest zweifelhaft. Ähnlich wie bei Peer-to-Peer-Krediten besteht außerdem ein mögliches Plattformrisiko. Es ist also nicht immer klar, was mit den einzelnen Investitionen passieren würde, wenn eine Plattform – aus welchem Grund auch immer – ihren Betrieb einstellen würde. Die staatliche Einlagensicherung, die das Kapital der Bundesbürger bis zu einer bestimmten Summe absichert dürfte ebenfalls in vielen Fällen nicht zur Anwendung kommen. Zu guter Letzt darf auch nicht vergessen werden, dass im Falle eines positiven Ausgangs der Investition natürlich Steuern anfallen. Meistens sind das die Kapitalertragssteuern, die mit circa 25 Prozent zu Buche schlagen.

Für wen lohnt sich Crowdinvesting?

Zusammenfassend bleibt festzuhalten, dass Crowdinvestitionen ein überaus spannendes Thema sind. Die Ideen und Ansätze der Sharing Economy etablieren sich in immer mehr Bereichen unseres Alltags. Dementsprechend können Crowdfunding-Projekte auch eine attraktive Möglichkeit darstellen, um in Anlageklassen zu investieren, die eigentlich nicht mit dem eigenen Budget vereinbar wären. Außerdem winken im Erfolgsfall überdurchschnittlich hohe Renditen (siehe Stromberg-Film). Interessierten Anlegern empfehlen wir doch eine etwas differenziertere Sichtweise auf die angebotenen Projekte. Es muss klar sein, dass ein solches Investment mit gewissen Risiken verbunden ist, die bis zum Totalverlust des eingesetzten Kapitals führen können. Der Wunsch nach maximaler Rendite sollte also nicht dazu führen, dass die Rationalität und das logische Denkvermögen ausgeschaltet werden.

Wo gibt es mehr von uns zu lesen?

Wir sind beide bei einem großen, börsennotierten Unternehmen tätig und beschäftigen uns in unserer Freizeit gerne mit Finanzthemen. Wir finden es schade, dass die meisten Deutschen dem Thema Investitionen sehr skeptisch gegenüber stehen und sich meist auf eher konservative Anlageformen beschränken. In der aktuellen Niedrigzinsperiode, in der wir uns nun schon seit Jahren befinden, wird der Durchschnittsbürger daher bestenfalls sein Kapital erhalten. Wird die Inflationsrate mit berücksichtigt, findet in vielen Fällen sogar ein schleichender Verlust der realen Kaufkraft statt. Die Konsequenz daraus ist, dass die meisten Menschen sich entweder mit den Minizinsen arrangieren oder nahezu ihr gesamtes Einkommen verkonsumieren.

So oder so ergibt sich aus dieser Entwicklung ein erhöhtes Risiko von Altersarmut. Unsere Mission ist es daher ganz normalen „Durchschnittsbürgern", die sich vielleicht bisher nicht so intensiv mit dem Thema Finanzen auseinandergesetzt haben, verschiedene Anlageformen vorzustellen. Ziel ist es dabei, die notwendigen Grundlagen so einfach wie möglich zu erklären und die Leser so zu motivieren, sich selbst um ihre Finanzen zu kümmern und mehr Eigenverantwortung zu übernehmen. Wir behandeln dabei unter anderem die Themen: Aktien, ETFs, Peer-2-Peer-Kredite, Immobilien und Crowdinvesting. Weitere Informationen gibt es auf unserem Blog, in unserem Newsletter sowie auf allen gängigen Social-Media-Kanälen.

Blogbeitrag

https://nurbaresistwahres.de/faktencheck-lohnt-sich-crowdinvesting
vom 22.03.2019

3. Dividendenstrategie – Das Blitz-Depot für Jedermann

In zwanzig Minuten zum Weltportfolio

Ein seit jeher immer wieder geäußerter Wunsch vieler Leser ist der nach einem schlank, schnell und vor allem auch steuereinfach umzusetzenden Einkommensdepot, ohne tief in die Welt der Hochdividendenwerte einzusteigen zu müssen. Breit diversifiziert sollte der Ansatz ebenfalls sein sowie nach Möglichkeit sparplanfähig. Es versteht sich von selbst, dass er auch nicht viel kosten darf. Die Initialzündung, eine solche Lösung zu entwickeln und wie gehabt mit eigenem Geld zu testen erfolgte auf der diesjährigen Invest. Nachfolgend präsentiere ich mein Blitz-Weltportfolio für Jedermann, welches in zweimal zehn Minuten eingerichtet ist – einschließlich Depoteröffnung!

Schritt 1: Die Depoteröffnung

Trade Republic beziehungsweise die Brokersoftware des gleichnamigen Unternehmens war eine der aus meiner Sicht interessantesten Innovationen, die auf der Invest 2019 vorgestellt wurden. Seinerzeit befand sich diese noch in der Testphase, Anfang Mai wurde der Zugang für das breite Publikum freigeschaltet. Spätestens, nachdem ich das ebenso passionierte wie sympathische Team persönlich kennengelernt habe war ich motiviert genug, die Plattform auf Herz und Nieren zu prüfen und vor allem auf ihre Eignung für Einkommensinvestoren zu testen.

Was also ist das Besondere an Trade Republic? Nun, das Berliner Startup ist der erste rein app-basierte und provisionsfreie deutsche Broker. Die Kontoeröffnung ist ausschließlich per Smartphone möglich, für das Depot fallen ebenso wenig Gebühren an wie Provisionen für Wertpapierkäufe und -verkäufe – lediglich eine Fremdkostenpauschale in Höhe von einem Euro pro Order stellt der Broker in Rechnung. Der Vollständigkeit halber sollte erwähnt werden, dass auch keine Negativzinsen auf Einlagen erhoben werden – was heutzutage keineswegs selbstverständlich ist. Auch auf Wertpapierleihgeschäfte wird verzichtet.

Da stellt sich natürlich die Frage, wie der Broker überhaupt Geld verdient – Luft und Liebe der Anleger allein dürften kaum das wirtschaftliche Überleben sichern. Tatsächlich refinanziert sich Trade Republic über sogenannte Rückvergütungen. Hierbei handelt es sich um eine branchenübliche Beteiligung der Handelspartner an der Maklermarge, die sich wiederum aus dem sogenannten Spread speist. Dieser kann bei hochliquiden Standardwerten ein Zehntelprozent oder weniger, bei marktengen Nischenwerten aber auch schon einmal fünf Prozent und mehr betragen. Durch die (fast) vollständige Automatisierung aller Prozesse soll die Rückvergütung zuzüglich Fremdkostenpauschale die Kosten decken.

Das schließt die Kosten der nicht gerade trivialen Regulierung mit ein. Denn selbstverständlich firmiert Trade Republic als Bank, wobei der Broker auf Kredit- und Einlagengeschäfte verzichtet, was die Struktur schlank hält und die Kosten reduziert. Die Wertpapierabwicklung und -verwaltung hat das Unternehmen an die HSBC, die Einlagenverwaltung an die deutsche Solarisbank ausgelagert. Die Liquidität ist also durch die heimische Einlagensicherung bis zu 100.000 Euro pro Kunde geschützt, verwahrte Wertpapiere bleiben als Sondervermögen ohnehin immer in dessen Eigentum.

Die strikte Kostenoptimierung hat allerdings auch einen Preis. Gehandelt werden kann ausschließlich am elektronischen Handelssystem der Börse Hamburg, der LS Exchange, die vom Düsseldorfer Finanzdienstleister Lang & Schwarz betrieben wird. Nicht zuletzt der Transparenz wegen sind sämtliche Kurse (sofern verfügbar) direkt an XETRA gebunden. Gehandelt werden kann wochentags von 7:30 bis 23:00 Uhr.

Allen Interessenten, die Trade Republic testen möchten, hat der Broker den Weg zur Konto- und Depoteröffnung denkbar einfach gestaltet. Die App selbst führt nach Installation und Start selbsterklärend durch den Eröffnungsvorgang, der tatsächlich inklusive Video-Identifizierung keine zehn Minuten dauert. Die Freischaltung erfolgte zumindest in meinem Fall innerhalb von 24 Stunden. Die intuitive Bedienbarkeit setzt sich auch danach fort, tatsächlich ist Trade Republic die benutzerfreundlichste Brokerplattform, die ich kenne.

Schritt 2: Die Depotbestückung

Kommen wir zur Gretchenfrage nicht nur aller Einkommensinvestoren: Was ist denn nun handelbar? Insgesamt haben die Kunden von Trade Republic über die LS Exchange Zugriff auf 6.800 Aktien, 500 Exchange Traded Funds (ETFs) und rund 40.000 Derivate. Letztere beschränken sich ausschließlich auf Optionsscheine und Zertifikate.

Unter den Aktien finden sich fast ausschließlich Einzeltitel, US-amerikanische Closed-end Funds (CEFs) oder kanadische Trusts können beispielsweise nicht geordert werden. Dies wäre zum Zeitpunkt der Recherche zudem ein unwirtschaftliches Unterfangen gewesen. Denn ausgerechnet für die Verbuchung von Dividenden ausländischer Aktien (nicht jedoch ausländischer ETFs) hat Trade Republic seinerzeit eine saftige Gebühr genommen. Mitte Juli 2019 wurde diese jedoch gestrichen, sodass auch der Handel mit dividendenstarken Auslandsaktien deutlich an Attraktivität gewonnen hat.

Für das anvisierte Blitz-Weltportfolio kommen unter den auferlegten Rahmenbedingungen vorerst also nur ETFs in Betracht. Diese minimieren zumindest den Aufwand sowie die laufenden Kosten, gleichwohl ist damit der Verzicht auf bestimmte Instrumente des Hochdividendensektors verbunden, für die nun mal hierzulande keine strukturierten Wertpapiere verfügbar sind. Das ETF-Angebot galt es also nach folgenden Kriterien zu sieben beziehungsweise zusammenzustellen:

- Dividendenrendite: Fünf Prozent pro Jahr bezogen auf das Gesamtportfolio
- Zahlungsfrequenz: Unterjährige Ausschüttungen
- Allokation: Streuung über möglichst viele Instrumente und Regionen

Die Ergebnisliste dominiert der Branchenprimus iShares, ein Spross der weltgrößten Vermögensverwaltung BlackRock. Dank der großen Produktpalette ist es jedoch möglich, mit fünf Positionen ein der Modernen Portfoliotheorie entsprechendes Einkommensportfolio zusammenzustellen, welches zudem den Kriterien (fast) in Gänze genügt. Hierbei handelt es sich um folgende Positionen:

- Dividendenaktien Industrieländer: STOXX Global Select Dividend 100 ETF (WKN: A0F5UH), 1.211 Millionen Euro Marktkapitalisierung, 0,46 Prozent Gesamtkostenquote und 4,1 Prozent Dividendenrendite pro Jahr, quartalsweise Ausschüttungen

- Dividendenaktien Schwellenländer: EM Dividend ETF (WKN: A1JNZ9), 491 Millionen US-Dollar Marktkapitalisierung, 0,65 Prozent Gesamtkostenquote und 6,0 Prozent Dividendenrendite pro Jahr, quartalsweise Ausschüttungen

- Immobilienaktien Industrieländer: Developed Markets Property Yield ETF (WKN: A0LEW8), 3.289 Millionen US-Dollar Marktkapitalisierung, 0,59 Prozent Gesamtkostenquote und 3,5 Prozent Dividendenrendite pro Jahr, quartalsweise Ausschüttungen

- Staatsanleihen Schwellenländer: J.P. Morgan $ EM Bond ETF (WKN: A0NECU), 9.440 Millionen US-Dollar Marktkapitalisierung, 0,45 Prozent Gesamtkostenquote und 4,9 Prozent Dividendenrendite pro Jahr, monatliche Ausschüttungen

- Unternehmensanleihen Welt: Fallen Angels High Yield Corp Bond ETF (WKN: A2AFCX), 690 Millionen US-Dollar Marktkapitalisierung, 0,50 Prozent Gesamtkostenquote und 4,8 Prozent Dividendenrendite pro Jahr, halbjährliche Ausschüttungen

Ergänzend sein angemerkt, dass der J.P. Morgan $ EM Bond ETF ausschließlich in Staatsanleihen aus Schwellenländern investiert, die in einer Hartwährung beziehungsweise US-Dollar denominiert sind. Zu dieser Anlageklasse wurde kürzlich eine Studie veröffentlicht, welche erstmals das Rendite-Risiko-Profil über die vergangenen 200 Jahre untersucht. Eine lesenswerte Zusammenfassung dazu hat Dr. Gerd Kommer auf dem Blog seines gleichnamigen Beratungsunternehmens verfasst. Der Fallen Angels High Yield Corp Bond ETF wiederum bewegt sich an der Bonitätsschwelle weltweiter Unternehmensanleihen von „Investment Grade" zu „Non-Investment Grade" beziehungsweise „Speculative Grade". Die Eckdaten zum ETF-Blitzdepot:

- Das Portfolio umfasst genau 200 Aktien, über 300 REITs und knapp 800 Anleihen,
- die Ausschüttungen erfolgen halbjährlich, quartalsweise und monatlich,
- die gleichgewichtete Durchschnittsrendite beträgt aktuell knapp 4,7 Prozent pro Jahr,
- die gleichgewichtete Gesamtkostenquote beläuft sich derzeit auf 0,53 Prozent pro Jahr.

Der zeitliche Aufwand zum Kauf der fünf Positionen betrug ebenfalls keine zehn Minuten. Wer mag, kann das Portfolio mit den folgenden, ebenfalls ausschüttungsstarken Titeln ergänzen oder einzelne Positionen durch diese ersetzen – auch hierbei handelt es sich um Produkte von iShares:

- Asiatische Dividendenaktien: Asia Pacific Dividend ETF (WKN: A0J203)
- Europäische Dividendenaktien: STOXX Europe Select Dividend 30 ETF (WKN: 263529)
- Weltweite Unternehmensanleihen: Global High Yield Corp Bond ETF (WKN: A1J7MG)

Schritt 3: Die Depotverwaltung

Ebenfalls nicht viel mehr als zehn Minuten dürfte Buy-and-Take-Anleger, also Investoren, die kaufen und Dividenden einstreichen, die Verwaltung ihres Depots kosten – pro Jahr. Denn selbstverständlich hat Trade Republic die Berechnung und Abführung der Abgeltungssteuer einschließlich der Ausstellung einer Jahressteuerbescheinigung automatisiert, so dass auf diesen tendenziell ungeliebten Part der Geldanlage in vielen Fällen gar keine Zeit verschwendet werden muss.

In dem jährlichen Budget sind regelmäßige Zukäufe bereits mit einkalkuliert. Diese müssen nämlich in Ermangelung von Sparplänen noch manuell ausgeführt werden. Das ist bei einem bestehenden Depot pro Order in Sekundenschnelle erledigt. Selbst die Berechnung geht rasch von der Hand, da neben der Liquidität auch die Kurse sämtlicher Wertpapiere und der Depotstand in Euro ausgewiesen werden. Nichts desto trotz arbeitet Trade Republic aktuell an der Sparplanfähigkeit und beabsichtigt, diese bis Jahresende umzusetzen. Noch diesen Monat soll zudem die Möglichkeit, sogenannte Stop-Loss-Order aufzugeben, implementiert werden.

Mein persönliches Fazit

Technologie, die begeistert und ein Handelsspektrum, das ein wenig bremst. So lässt sich das Ergebnis meines Experiments in einem Satz zusammenfassen. Klar, Vollblut-Einkommensinvestoren, die ausgiebig im reichhaltigen Angebot der Hochdividendenwerte wildern wollen, sind mit den gewohnten Depotbankempfehlungen derzeit besser bedient.

Für die eingangs zitierten Leser, die nach einem frugalen Ansatz in der einkommensorientierten Geldanlage streben, ist die skizzierte und allemal langweilige Lösung eine Überlegung wert. Und das ganz ohne Mindesteinlage. Mittel- bis langfristig können sie zudem den Yield-On-Cost-Effekt wirken lassen. Hierzu müssen sie freilich den Verlockungen widerstehen, mit welchen die App beziehungsweise ihre ständig verfügbaren Inhalte in Echtzeit aufwarten.

Zusammenfassend stehen den Vorteilen des Bedienkomforts, der Automatisierung sowie niedrigen Kosten der Nachteil der eingeschränkten, aber stetig wachsenden Wertpapierauswahl sowie bei wankelmütigen Anlegern die ständige Verfügbarkeit entgegen. Dafür lässt sich in 20 Minuten und für nur fünf Euro ein vollwertiges Dividenden-Weltportfolio zusammenstellen – unabhängig von der

Gesamtinvestition. Mit dem Wegfall der Gebühren für die Verbuchung von Dividenden ausländischer Aktien könnte sich Trade Republic zudem für Einzeltiteljäger als interessant erweisen. Bei einer ersten Durchsicht habe ich zahlreiche australische, kanadische und US-amerikanische Hochdividendenwerte gefunden. Genug Material, für einen weiteren Blogbeitrag!

Ergänzender Hinweis: Ja, mittlerweile existiert zumindest ein weiterer ausländischer App-Broker, der sogar auf den einen Euro Fremdkostenpauschale verzichtet. Den kann beziehungsweise möchte ich nicht empfehlen. Zum einen verfüge ich über keinerlei praktische Erfahrung mit der Plattform, zum zweiten hat das Trade-Rebulic-Team durch den persönlichen Kontakt erhebliche Sympathiepunkte sammeln und mit einem „runden" Gesamtpaket überzeugen können!

Blogbeitrag

https://nurbaresistwahres.de/dividendenstrategie-das-blitz-depot-fuer-jedermann
vom 16.08.2019

Rubrik: Sonstige

1. Nur Bares ist Wahres – Der zweite Geburtstag!

Ausblick, Rückblick und (wieder) ein Geschenk

Wie schnell die Zeit vergeht merkt man erst, wenn man Kinder hat. Das gilt nicht nur für den biologischen, sondern auch den virtuellen Nachwuchs. Fast auf den Tag genau zwei Jahre ist es her, dass diese Seite am 31. Januar 2017 mit dem ersten Blogbeitrag an den Start gegangen ist. Allemal Zeit also, die vergangenen zwölf Monate beziehungsweise das Jahr 2018 Revue passieren zu lassen und einen Ausblick auf die kommende Zeit zu wagen.

Die nackten Zahlen

Während ich 2017 zunächst noch weitgehend für mich beziehungsweise Freunde geschrieben habe und die Besuchszahlen in der zweiten Jahreshälfte gemächlich anstiegen, haben diese 2018 deutlich angezogen. Insgesamt konnte der Blog im vergangenen Jahr gut 85.000 Leser verzeichnen. Etwa 86 Prozent davon kamen aus Deutschland, weitere sieben Prozent aus Österreich und der Schweiz. 48 Prozent der Leser nutzten zur Lektüre den PC, 38 Prozent ein Smartphone und 14 Prozent ein Tablet. Die Hauptlesezeit war übrigens Samstags zwischen 8 und 14 Uhr. Kommen wir zum Inhalt. Dies waren die drei beliebtesten Blogbeiträge im Jahr 2018:

- Cashtest – Global X SuperDividend ETF
- Chaostheorie – Warum Prognosen so schwierig sind …
- Cashtest – Brookfield Renewable Partners

Bemerkenswert am ersten Platz, der Vorstellung des Global X SuperDividend ETF ist die Tatsache, dass der Beitrag bereits im Oktober 2017 veröffentlicht wurde und sich ungebrochenen Interesses erfreut – obwohl das Papier aufgrund der MiFID-II-Richtlinie nur noch bei bestimmten Brokern gehandelt werden kann. Deutlich zugenommen hat auch die Anzahl der Abonnenten meines Blogtelegramms (Newsletters), die sich auf mittlerweile 2.244 erhöht hat. Erfreulich ist auch, dass die Inhalte des zweiwöchig erscheinenden Blogtelegramms den Geschmack der Leser zu treffen scheinen. Das legen jedenfalls die Öffnungsraten nah, die durchweg deutlich über fünfzig Prozent liegen.

Sehr positiv entwickelt hat sich auch die geschlossene Facebook-Gruppe „Einkommensinvestoren", die ich just vor einem Jahr ins Leben gerufen habe und mittlerweile 1.343 Mitglieder umfasst, von denen sich viele mit ihrem Wissen einbringen. Im Verlauf des Jahres musste ich auch nur eine Handvoll dubioser Schneeballsystemspieler entfernen – den aufmerksamen Mitgliedern sei Dank!

Wichtige Meilensteine

Im vergangen Jahr habe ich mich entschlossen, neben der geschlossenen Facebook-Gruppe einen Podcast ins Leben zu rufen. Hierzu habe ich alle längeren Blogbeiträge, insgesamt 26 an der Zahl, eingesprochen und veröffentlicht. Auf Wunsch bleiben so die Hände und Augen für andere Tätigkeiten frei. Über einen professionellen Dienstleister wird der Podcast seit dem 25. September 2018 auf allen gängigen Plattformen angeboten, seither wurden 3.000 Folgen heruntergeladen beziehungsweise angehört.

Ein zweifellos ganz besonderer Meilenstein im vergangen Jahr war der Start meiner Vor-Ort-Seminare. Vier Veranstaltungen mit insgesamt 50 Teilnehmern haben bisher stattgefunden, aus denen zahlreiche persönliche Kontakte erwachsen sind, wozu sicherlich auch jeweils das gesellige Beisammensein im Anschluss an das Seminar beigetragen hat. Ein weiterer besonderer Moment, auf den ich viele Monate hingearbeitet habe, war die Veröffentlichung meines Buchs „Geldanlage in REITs" im Oktober 2018. Der Titel ist tatsächlich der bisher einzige ausführliche Ratgeber zum Thema auf Deutsch! Fast zeitgleich ging dann auch die erste

Auflage von „Bargeld statt Buchgewinn" zur Neige sowie die zweite Auflage in Planung; ein schöner Erfolg für ein Fachbuch zu einem recht speziellen Thema.

Darüber hinaus haben zahlreiche Veranstaltungen das vergangene Jahr bereichert. Angefangen von der Invest 2018 in Stuttgart über das Barcamp der Comdirect bis hin zum Hamburger Börsentag. Zwei ganz besondere Ereignisse waren zum einen das Finanzblogger-Treffen im Juni in Kassel, bei dem sich die Möglichkeit zum Austausch mit zahlreichen Kollegen ergab, zum andern das FinCamp 2018 im September in München, dem 160 Teilnehmer eine unvergleichliche Atmosphäre verliehen!

Herausforderungen und Planungen

Die vermutlich wichtigste Herausforderung für 2019 hat sich schon gegen Ende des vergangenen Jahres herauskristallisiert. Mit zunehmender Leserschaft sind auch die Anmerkungen, Kommentare und Rückfragen, die einer Antwort harren, erheblich angeschwollen. Mittlerweile verbringe ich damit bis zu einer Stunde am Tag. Ein klassisches Dilemma: Auf der einen Seite möchte ich natürlich allen Lesern beziehungsweise ihren Belangen gerecht werden, andererseits sollte sich die Zeit dafür in Grenzen halten, die mir sonst logischerweise an anderer Stelle fehlt. Ideen und Hinweise nehme ich gerne entgegen!

Auch 2019 stehen jetzt schon zahlreiche Termine fest. Die nächste Möglichkeit eines persönlichen Kennenlernens besteht auf der Invest 2019 am 05. und 06. April, bei der ich an beiden Tagen in der Bloggerlounge zugegen sein werde. Gratistickets für den Kongress in den Stuttgarter Messehallen können wie folgt geordert werden:

- Auf https://www.messeticketservice.de/shop/de/ gehen,
- In der Liste der Veranstaltungen „Invest" auswählen,
- Auf „Aktionscode einlösen" klicken,
- Aktionscode „NurBaresIstWahres" (ohne Anführungszeichen) eingeben,

- Anzahl der Karten eingeben,

- bei Bedarf kostenloses Nahverkehrsticket auswählen,

- Auf den Einkaufswagen klicken,

- Bestellformular ausfüllen und

- Eintrittskarte(n) ausdrucken!

Darüber hinaus stehen auch dieses Jahr weitere Vor-Ort-Seminare an, erstmalig nicht nur zum Thema Hochdividendenwerte, sondern auch speziell zu REITs, also börsennotierten Immobiliengesellschaften. Ferner ist 2019 ein weiteres Buch in Planung, nähere Informationen werde ich rechtzeitig bekannt geben. Schließen möchte ich mit der Rückmeldung eines Lesers, die mich vor wenigen Tagen erreicht hat und mich gleichermaßen mit Freude wie Motivation erfüllt.

Rückmeldung und Geschenk

„Ich bin schon seit 15 Jahren am Wertpapiermarkt aktiv. Angefangen mit klassischen Fonds über ETFs hin zu Einzelaktien habe ich schon viel Erfahrung gesammelt und recht erfolgreich investiert. Jedoch hat mir Ihr wunderbares Buch eine komplett neue und äußerst spannende Welt eröffnet. Mir war bis dato gar nicht bewusst beziehungsweise bekannt, welche Einkommensstrategien es noch gibt. Ich habe ihr Buch an einem Tag gelesen und war sofort überzeugt: das ist meine Strategie. Ich habe daraufhin meine gesamte Anlagestrategie auf High-Yield-Dividendenwerte umgestellt und bin richtig happy. Ich bin investiert in 33 Titel von MLPs, über BDCs, REITs und zahlreiche Closed-end Funds. Damit habe ich nun ein regelmäßiges monatliches Zusatzeinkommen. Jeder einzelne Zahlungseingang macht große Freude und bestätigt mich in meiner Entscheidung. Bargeld statt Buchgewinn! Ein Meilenstein meiner ‚Karriere als Privatinvestor'. Vielen Dank für diese Inspiration!"

Als kleines Dankeschön möchte ich allen Lesern anlässlich des zweiten Geburtstags die jüngste Wertpapierliste zur Verfügung stellen, die in den letzten Wochen in Zusammenarbeit mit den Mitgliedern der Facebook-Gruppe „Einkommensinvestoren" entstanden ist: Die Hochdividenden-Aristokraten. Hierbei handelt es sich um Einzeltitel oder Sammelanlagen,

- deren Ausschüttungsrendite mindestens fünf Prozent pro Jahr beträgt,
- die unterjährige Auszahlungen vornehmen und
- in den letzten zehn Jahren die Dividende nicht gekürzt oder ausgesetzt haben.

Weitere Vorschläge, die diesen Kriterien genügen, nehme ich gerne entgegen. Zudem habe ich mich entschlossen, ein Realdepot mit Hochdividenden-Aristokraten zusammenzustellen und im Premiumbereich zu veröffentlichen. Ich wünsche auch im kommenden Jahr allzeit üppige Ausschüttungen und das nötige Quäntchen Investorenglück!

Blogbeitrag

https://nurbaresistwahres.de/nur-bares-ist-wahres-der-zweite-geburtstag vom 08.02.2019

2. Nachlese – Die Invest 2019 in Stuttgart

Impressionen von der Leitmesse für Finanzen und Geldanlage

Es gibt einige wenige Veranstaltungen im Jahr, die zum selbstauferlegten Pflichtprogramm zählen. Die Invest in Stuttgart gehört für mich seit mittlerweile drei Jahren dazu. 2017 hielt ich dort auf einer kleinen Nebenbühne meinen allerersten (Finanz-)Vortrag, eine Vorstellung des gerade erst erschienenen Buchs „Bargeld statt Buchgewinn". Zudem fand ich Anschluss zur Finanzbloggerszene, der erste Gastbeiträge bei bekannten Kollegen folgten, die wiederum zu steigenden Leserzahlen führten.

Im Jahr 2018 lag dann der Schwerpunkt darauf, bestehende Kontakte zu vertiefen und neue zu knüpfen. Es folgten Interviews bei den Schwergewichten der Szene und konkrete gemeinsame Projekte sowie die Einbindung in Veranstaltungen wie beispielsweise das FinCamp 2018 und das jährliche Finanzbloggertreffen.

Im Herzen der Invest

War ich bis dato stets als Messebesucher zugegen, so hat sich auch das in diesem Jahr geändert. Erstmals folgte ich der Einladung der Börse Stuttgart, die zusammen mit der Stuttgarter Messe die jährliche Invest ausrichtet, und durfte zusammen mit 14 weiteren Kollegen die Bloggerlounge besetzen. Auch dies war übrigens das Resultat meiner vorherigen Besuche, auf denen ich bereits besagte Organisatoren kennen lernen durfte.

Der Finanzrocker Daniel Korth, wie ich ein großer Verfechter des Konzepts und vor allem des Aufbaus von Humankapital, wurde just auf der diesjährigen Messe im Rahmen eines Vortrags zum Thema von einem Zuhörer gefragt, wie es denn um die Messbarkeit dieser Größe bestellt sei. Nun, es sind genau solche qualitative Kriterien, an denen sich das fachliche und persönliche Wachstum ein Stück weit ablesen lässt, Meilensteine, die noch vor zwei Jahren für mich gefühlte Lichtjahre entfernt waren.

Das gemütliche Beisammensein

Dafür begann die Invest für die geladenen Blogger auch einen Tag früher, nämlich am Donnerstagabend zusammen mit unseren Gastgebern bei einem gemeinsamen Kennenlernen in der Wirtshausbrauerei Schwanenbräu. Der Abend beinhaltete eine Führung durch die kleine aber feine Privatbrauerei, bei der wir im Detail in die höchste Form der Getreideveredelung eingewiesen wurden und die reifenden Produkte in verschiedenen Stadien verkosten konnten. Für gerstensaftinteressierte Besucher der Region kann ich einen Abstecher zum Schwanenbräu jedenfalls wärmstens empfehlen (nein, für diese Empfehlung habe ich keine Freigetränke erhalten)!

Die Messe selbst öffnete am Freitag, den 05. April pünktlich um neun Uhr ihre Tore. Tatsächlich haben wir den unmittelbar einsetzenden Besucherandrang deutlich unterschätzt! Bis zum offiziellen Ende der Invest einen Tag später um 17 Uhr war die Veranstaltung durchgehend gut besucht und die Bloggerlounge voll ausgelastet, zeitweise sogar wegen Überfüllung geschlossen. Und so habe ich im Grunde kontinuierlich Gespräche geführt und damit das getan, wofür ich vornehmlich auch vor Ort war.

Ein eng getaktetes Programm

Es dominierten dabei drei unterschiedliche Gesprächsarten: Interviews- und Vortragsformate, Gespräche mit Produkt- und Dienstleistungsanbietern sowie natürlich der Austausch mit Besuchern und vor allem Lesern! Letztere haben in so großer Zahl den Weg in die Stuttgarter Messehallen gefunden, dass ich befürchte, trotz bestmöglicher Ausnutzung der verfügbaren Zeit nicht den kompletten Informationsdurst gestillt zu haben. Sollte also jemand das Gefühl haben, zu kurz gekommen zu sein, so bedaure ich das – ich habe aber bis hin zur Bahnsteigkante des Stuttgarter Hauptbahnhofs alles gegeben!

Darüber hinaus wurde ich insgesamt fünf Mal interviewt. Finanztrends.TV stand ich zum Thema Hochdividendenwerte und Gold je einmal Rede und Antwort, über Sparen und Anlegen habe ich mich mit dem Team der boerse.ARD unterhalten. Ferner haben Kolja Barghoorn und Roland Elias jeweils ein Video mit mir zum Thema Real Estate Investment Trusts sowie Quellensteuern für ihre Mit-Kopf-Kanäle direkt in der Bloggerlounge gedreht. Soweit ich es überblicke, ist noch keiner der Beiträge freigeschaltet worden. Sobald dies der Fall ist, werde ich natürlich auf den gewohnten Wegen hierüber informieren.

Mein persönlicher Höhepunkt

Zwei Auftritte verdienen darüber hinaus Erwähnung. Zum einen der Kohle-Tinder, ein an die bekannt Dating-App angelehntes Format, bei dem es galt, die spontane Zu- oder eben Abneigung zu einem (unbekannten) Vermögenswert allein anhand eines Kurscharts zu bekunden und anschließend zu rechtfertigen. Für die älteren Semester unter uns: Der Kohle-Tinder hätte genauso gut auch Aktien-Herzblatt heißen können. Mein ganz persönlicher Höhepunkt war am Samstagmittag die Teilnahme an einer Podiumsdiskussion der Börse Stuttgart. Zum Thema „Dividende gut, alles gut?" diskutierten ich zusammen mit dem Finanzwesir Albert Warnecke sowie dem Dividenden-Adeler Christian W. Röhl vor brechend vollen Rängen über die Bedeutung sowie Vor- und Nachteile von Ausschüttungen.

Auch wenn viele der üblichen Verdächtigen die Gänge der Messehalle säumten – da hat sich im Vergleich zum letzten Jahr keine wesentliche Schwerpunktverlagerung unter den 132 Ausstellern ergeben –, gab es doch den einen oder anderen Anbieter innovativer Anlagen. Das betrifft sowohl Produkte, die der Vermögenssicherung dienen als auch solche, die speziell auf die Bedürfnisse von Einkommensinvestoren zugeschnitten sind. Hierbei hat es mir insbesondere eine Alternative zu REITs angetan, die sich insbesondere für Investoren, die Fremdwährungen scheuen, eignen könnte. Ich werde diese Anlagen in gewohnter Gründlichkeit untersuchen und die Ergebnisse im Rahmen von Blogbeiträgen präsentieren.

Danksagung und Ausblick

Mein Fazit zur diesjährigen Invest: Es waren zweieinhalb ebenso anstrengende wie wunderbare Tage in einer fantastischen Atmosphäre mit am Ende arg gereizten Stimmbändern. Dazu beigetragen hat auch die hervorragende Organisation des Teams der Börse Stuttgart rund um Cornelia Frey, Richard „Richy" Dittrich und Thomas Zuleck, welches nicht zuletzt die Bloggerlounge mit Liebe zum Detail arrangiert hat. Dafür und die allzeit umfassende Betreuung meinen herzlichen Dank!

Dieser gilt auch und vor allem den vielen Lesern unter den insgesamt 12.000 Besuchern, die ich persönlich kennen lernen durfte. Die zahlreichen Gesprächen waren auch für mich sehr lehrreich und eine Quelle der Inspiration und Motivation. Wer die Veranstaltung verpasst hat, kann sich jetzt schon einmal den 24. April 2020 im Kalender rot anstreichen – dann öffnet die Invest 2020 ihre Pforten!

Blogbeitrag

https://nurbaresistwahres.de/nachlese-die-invest-2019-in-stuttgart
vom 13.04.2019

3. Investitionen in Substanzwerte – Mein Topfavorit

Wie Anleger ein maximales und lebenslanges psychisches Einkommen erzielen

Es existiert ein äußerst bewährtes physisches Investment beziehungsweise eine Assetklasse von Substanzwerten, welche besonders innerhalb der westlichen Industrienationen in den letzten Jahrzehnten völlig zu Unrecht an Beliebtheit verloren hat. Dabei handelt es sich um eine hundertprozentig biologische Anlageform, für die circa fünfundzwanzig Jahre lang eine monatliche Subventionen und damit zumindest temporär auch ein monetäres passives Einkommen gezahlt wird. Dieses wiegt allerdings kaum die laufenden Transaktionskosten des für eine positive Performance zwingend notwendigen aktiven Tradings auf.

Grundsätzlich verlangt die Investition vom Anleger eine sehr niedrige Gegenwartspräferenz, da sich ein positiver Payoff, wenn überhaupt, erst Jahrzehnte später einstellt. Dafür kompensiert das Anlagesubjekt unmittelbar und dauerhaft mit dem höchstmöglichen emotionalen Return on Investment aller bekannten Anlageklassen, einem lebenslangen nichtmonetären passiven Einkommen. Abgeschwächt gilt gleiches übrigens auch für die vor Veranlagung unbedingt anzuratende Learning-on-the-Job-Phase, welche allerdings eine erfolgreiche Sozialakquise voraussetzt. Aufgrund Affirmative Action sowie Mangels Unisex-Tarifen steht der Zugang zu dieser Anlage allerdings nicht jedem Anleger in gleichem Maße offen. Insbesondere für weibliche Investoren existiert in der Regel zudem eine streng diskriminierende Altersobergrenze, die bei etwa vierzig Jahren liegt.

Der höchste Anlageerfolg wird regelmäßig dann erzielt, wenn sich die CEO-Investorin mit einem die gleiche Strategie verfolgenden männlichen Konterpart als stillem Teilhaber zu einem langfristig ausgerichteten Joint Venture zusammenschließt. Ich wünsche viel Spaß und Erfolg bei der Umsetzung!

PS: Soweit mein ökonomisch eingefärbter Beitrag zum diesjährigen Weltkindertag, an dem ich seit jeher auch meinen Geburtstag feiern darf – dem Nachwuchs der Leserschaft wünsche ich ein langes und vor allem glückliches Leben!

Blogbeitrag

https://nurbaresistwahres.de/investitionen-in-substanzwerte-mein-topfavorit
vom 01.06.2019

4. Faktencheck – Österreichische Bundesschätze

Die Tagesgeldalternative außerhalb des Bankensystems

Passionierte Tagesgeldhopper älteren Semesters werden sich sicherlich noch mit einem schaurigen Gefühl an den 08. Oktober 2008 und die sich anschließende monatelange Zitterpartie erinnern. Fast genau elf Jahre ist es her, seit die seinerzeit in Deutschland aufgrund ihrer verlockenden Zinsen auf kurzfristige Einlagen beliebte Kaupthing Edge Bank ihre Onlinepforte schloss. Etwa 34.000 deutsche Kunden, die dem hiesigen Ableger der zu diesem Zeitpunkt größten isländischen Bank über 300 Millionen Euro an Einlagen anvertraut hatten, saßen sprichwörtlich vor einem (fast) schwarzen Bildschirm.

Zumindest die deutschen Zinsjäger, die den knapp sechs Prozent pro Jahr auf das Tagesgeld nicht hatten widerstehen können, hatten Glück im Unglück. Sie konnten allesamt aus der Insolvenzmasse befriedigt werden, die Zahlungen erfolgten allerdings erst ab dem 22. Juni 2009. Fast exakt ein Jahr vor dem virtuellen durfte die europäische Öffentlichkeit sogar einen physischen „Bank Run" im Norden des Kontinents staunend zur Kenntnis nehmen, wo um ihre Guthaben zitternde Kunden vor den Filialen des englischen Instituts Nothern Rock Schlange standen. Trotz dieser Umstände sowie der im Zuge der Eurokrise zutage getretenen Risse im Fundament des europäischen Bankensektors machen Bankeinlagen mit 40 Prozent des liquiden Vermögens (Stand Ende 2018) des Deutschen liebste Geldanlage dar.

Ein unterschätztes Risiko

In seinem äußerst lesenswerten Aufsatz „Das unterschätzte Risiko von Bankguthaben" führt Dr. Gerd Kommer aus, warum diese in der Regel keine zweckmäßige Anlage darstellen: „Ökonomisch betrachtet ist ein Bankguthaben ein unbesicherter Kredit vom Einleger (z. B. einem Privathaushalt) an ein Finanzinstitut. Die Betonung liegt auf unbesichert. Zudem reicht der Einleger diesen unbesicherten Kredit (das Bankguthaben) an ein hoch verschuldetes Unternehmen aus: die Bank. Der typische Fremdkapitalanteil am Gesamtkapital einer Bank beträgt 92%. [...] Die privaten Sicherungssysteme der drei Bankengruppen in Deutschland (Genossenschaftsbanken, öffentliche Banken und private Banken), die deutlich höhere Sicherungsgrenzen haben, bieten im Fall einer systemischen Bankenkrise, wie sie 2008/2009 in Deutschland und zeitgleich in vielen anderen Staaten ausbrach und wie es sie in den letzten 200 Jahren in vielen Ländern oder Regionen mehrfach gegeben hat, keinen hinreichenden Schutz. Dafür sind sie zu klein und schwach."

Auch darauf, dass Bankenpleiten gar nicht mal so selten vorkommen, weist Kommer hin. Allein im Zuge der Weltfinanzkrise wurden sieben Prozent der US-amerikanischen Banken illiquide, in Deutschland zeitgleich beziehungsweise im Nachgang über ein Dutzend Banken abgewickelt, gestützt oder fusioniert. Und selbst die für ihre Solidität gerühmten Schweizer Banken wankten in dieser Phase beträchtlich – obgleich bereits zwischen 1990 und 1995 nach einer lokalen Kreditkrise jede dritte Bank in der Eidgenossenschaft schließen musste. Und auch die eingangs erwähnte Northern Rock war nach Abfluss mehrerer Milliarden Pfund ausgetrocknet und faktisch insolvent. Den anstehenden Zusammenbruch der Bank verhinderte der damalige britische Finanzminister Alistair Darling, der seitens der Regierung eine Garantieerklärung für sämtliche Einlagen abgab, um einen Dominoeffekt zu verhindern. Zwölf Monate später, drei Tage vor dem Kaupthing-Ausfall, kam es übrigens zur legendären, im Kern natürlich nicht ernst gemeinten und technisch auch nicht realisierbare Garantieerklärung auf Bankeinlagen durch die Bundesregierung: „Wir sagen den Sparerinnen und Sparern, dass ihre Einlagen sicher sind. Auch dafür steht die Bundesregierung ein."

Die risikofreie Liquiditätsreserve

Nun gehört nichtsdestotrotz die Bildung einer Liquiditätsreserve zu den finanziellen Binsenweisheiten beziehungsweise zum Fundament einer jeden geordneten

Haushaltsplanung, schließlich gerät jeder Vermögensaufbau ohne schnell und sicher verfügbare Geldmittel rasch zur Makulatur. Mit „sicher" im Sinne von „risikofrei" was den Nominalwert einer Geldanlage angeht folge ich in diesem Kontext der Definition der akademischen Finanzwirtschaft. Demnach zählen hierzu theoretisch schwankungsfreie Sicht- und Sparguthaben, die einer verlässlichen Einlagensicherung unterliegen sowie kurzlaufende Staatsanleihen hoher Bonität, samt und sonders in der Heimatwährung des Anlegers, um die zum Teil erheblichen Wechselkursschwankungen bei Fremdwährungsanlagen auszuschließen.

Die Liquiditätsreserve dient einerseits dazu, nicht planbare Ausgaben jederzeit bedienen zu können, zum zweiten je nach Art und Höhe der Einkünfte, um finanzielle Engpässe zu überbrücken. Letzteres ist beispielsweise bei Selbständigen mit schwankenden Einnahmen aber auch (Kapital-)Rentnern, die zumindest teilweise von volatilen Erträgen wie Dividenden leben, der Fall. In beiden Szenarien verbietet sich der Rückgriff auf das persönliche Risikokapital in Form von Aktien oder anderen schwankungsreichen Anlagen, deren Gegenwert dann, wenn er am dringendsten benötigt wird, gerade im Keller ist – Murphys Gesetz lässt grüßen.

Ein dritter Anlass, den Anteil beziehungsweise die Summe sicherer Geldanlagen auszuweiten, sind künftige, in Höhe und Zeit verlässlich kalkulierbare Ausgaben wie beispielsweise der Kauf einer Immobilie oder die (Nach-)Zahlung von Steuern.

Unabhängig nun von der konkreten Höhe, die sich ohnehin nicht pauschal bestimmen und zudem je nach Lage über die Zeit variieren kann, geht bei der Liquiditätsreserve Sicherheit immer vor Ertrag. Damit versteht sich von selbst, dass sämtliche Hochzinsanlagen ebenso wenig in Frage kommen wie so manche scheinstabile Finanzinnovation. Zu letzteren zählen beispielsweise P2P-Kredite wie etwa das bisweilen irreführenderweise so genannte „P2P-Tagesgeld" der baltischen Anbieter Bondora und Mintos. Ohnehin sollten sich Anleger keiner Illusion hingeben und bei der „sicheren" Geldanlage mit einer real negativen Rendite (Zinssatz für kurzfristige Einlagen abzüglich Inflationsrate) kalkulieren – deshalb ist diese ja auch „risikofrei". Der stetig an der Kaufkraft knabbernde Verlust sollte dabei als Kosten der steten Zahlungsfähigkeit verbucht werden. Hierbei handelt es sich übrigens um eine historische Konstante, wie ich in einem früheren Blogbeitrag ausgeführt habe.

Toleranzschwelle und Liquiditätspräferenz

Nach Kommer sind für die Liquiditätsreserve „Bankguthaben [...] dann als (nach Steuern, Kosten und Inflation fast immer renditelose) Geldanlage tolerierbar, wenn das betreffende Bankguthaben maximal 100.000 Euro pro Privatperson und Bank beträgt und daher (in der EU) vollumfänglich von der staatlichen Einlagensicherung erfasst und geschützt wird". Wessen Toleranzschwelle niedriger oder Liquiditätspräferenz höher sein sollte, für den wird die Wahl eng. Neben der Verteilung der Mittel auf zahlreiche Banken könnte die Liquiditätsreserve freilich auch in kurzlaufende (Bundes-)Anleihen angelegt werden. Vorteil: Das Geld befindet sich außerhalb des Bankensystems. Nachteil: Es fallen Transaktionskosten und Negativzinsen an. Was letztere angeht, nützt es aktuell noch nicht einmal, auf längere Laufzeiten auszuweichen. Seit Anfang August „rentieren" erstmals sämtliche Bundesanleihen negativ. Zudem müssen fällig werdende Anleihen laufend ersetzt werden, was den zeitlichen Aufwand der Mittelverwaltung erhöht.

Über Jahrzehnte stand Anlegern als Alternative zum Börsenhandel der Gang zur Deutschen Finanzagentur, ehemals Bundeswertpapierverwaltung, davor Bundesschuldenverwaltung offen, wo Schuldverschreibungen der Bundesrepublik Deutschland direkt und kostenfrei erworben werden konnten. Im Jahr 2013 beschloss die Bundesregierung jedoch, das Privatkundengeschäft aufzugeben und die Ausgabe von Bundesschatzbriefen, Finanzierungsschätzen und Tagesgeldanleihen via Finanzagentur aus Kostengründen einzustellen.

Wer seine Liquiditätsreserve (fast) genauso sicher, ständig verfügbar und ganz ohne Negativzinsschwund aufbewahren möchte, kann ins benachbarte Ausland ausweichen. Konkret nach Österreich, wo sich die öffentliche Hand deutlich kleinanlegerfreundlicher gibt als hierzulande. So können Privatpersonen aus der gesamten EU direkt in standardisierte Bundesschätze der Alpenrepublik anlegen. Die Mindestinvestition beträgt 100 Euro, die Laufzeiten variieren zwischen einem Monat und zehn Jahren. Der Zinssatz beträgt derzeit einheitlich 0,00 Prozent, steigt in geldpolitisch normalen Zeiten jedoch mit zunehmender Bindungsfrist.

Das Formular zur Kontoeröffnung kann direkt auf der Seite der Österreichischen Finanzagentur ausgefüllt und muss anschließend ausgedruckt mit einer Ausweiskopie (Führerschein, Personalausweis, Reisepass) gen Wien verschickt werden. Nach Einrichtung und Freischaltung des Kontos gibt es per Post die Zugangsdaten, mit denen es via Internet verwaltet werden kann.

Sofern dem Kontoeröffnungsantrag eine Ansässigkeitsbescheinigung – die gibt es beim örtlichen Finanzamt – beigefügt wird, fällt auch keine österreichische Kapitalertragsteuer an, hierzulande wird auf etwaige Erträge die Abgeltungssteuer fällig, sofern der Sparerpauschbetrag ausgeschöpft wurde. Diese müssen Anleger übrigens selbst deklarieren. Alle gängigen Fragen zum Angebot beantwortet die Finanzagentur auf einer eigens dafür eingerichteten Seite.

Tu felix Austria

De facto handelt es sich bei den österreichischen Bundesschätzen um ein Festgeldangebot, welches am kurzen Ende monatlich verfügbar ist. Wird das Geld zum Laufzeitende nicht abgerufen, wird es übrigens für denselben Zeitraum erneut zu den dann geltenden Bedingungen angelegt. Stellt sich die Frage, warum die Republik Österreich das Angebot überhaupt aufrechterhält, schließlich weisen auch nahezu alle österreichischen Bundesanleihen eine negative Verzinsung auf. Der Verdacht liegt nah, dass es sich um ein kostenneutrales Zugeständnis an „kleine" Sparer handelt. Vollgesogen mit geliehenem Geld haben sich die gewitzten Österreicher ohnehin schon. So emittierten sie bereits vor zwei Jahren erstmalig Bundesanleihen mit einer Laufzeit von 100 (!) Jahren, für die fast keine Zinsen fällig werden.

Bleibt abschließend noch die Frage der Bonität zu klären. Die Kreditwürdigkeit Österreichs wird derzeit von S&P mit AA+, von Moody's mit Aa1 sowie von Fitch mit AA+ und damit durchweg eine Stufe niedriger als die der Bundesrepublik Deutschland bewertet. Zumindest im Hause S&P rangiert Österreich damit sogar auf einer Stufe mit den USA. Damit liegen sie am oberen Ende des „High grade", anders ausgedrückt ist ein „Ausfallrisiko so gut wie vernachlässigbar".

Spätestens seit 2008 sind jedoch die Einschätzungen dieses politisch geförderten Triumvirats, welches unter anderem mit amtlichen Segen in vielen Ländern über die Zentralbankfähigkeit von Sicherheiten entscheidet, mit Vorsicht zu genießen. Gerade S&P hat sich hier unrühmlich hervorgetan, nachdem die Agentur drei Tage vor der Lehman-Pleite das A-Rating des Instituts bestätigte.

Trotz des Segens der großen Ratingagenturen und der finanzwirtschaftlichen Einstufung der Bundesschätze als „risikofreie" Geldanlage bleibt freilich ein Restrisiko in Form eines Schwarzen Schwanes. Obwohl, so schwarz, sprich zufällig ist er auch wieder nicht, wie ein Blick in die Geldgeschichte lehrt. Das musste übrigens auch Island erfahren. Der Bankrott des Inselstaats konnte nach der Pleite der Kaupthing Bank sowie zweier weiterer Kreditinstitute allein durch externe Geldgeber, allen voran der Internationale Währungsfonds (IWF), abgewendet werden. Historisch betrachtet gilt gleichwohl die eiserne Regel: Erst fallen die Banken, dann gegebenenfalls die Staaten.

Blogbeitrag

https://nurbaresistwahres.de/faktencheck-oesterreichische-bundesschaetze
vom 18.10.2019

Nachwort

Blog zu Hochdividendenwerten

Das waren die Zahltage 2019 – eine Zusammenstellung von Beiträgen des Jahres 2019 aus dem Finanzblog *Nur Bares ist Wahres!* rund um die Themen börsennotierte Hochdividendenwerte, ausschüttungsstarke Geldanlagen und Konzepte passiven Einkommens. Zum Blog:

https://nurbaresistwahres.de/blog

Das Buch zum Blog

Sie sind an weiterführenden Grundlagenwissen interessiert? Dann lesen Sie „Bargeld statt Buchgewinn", das Standardwerk zum Thema Hochdividendenwerte im deutschsprachigen Raum. Hierin bespreche ich ein breites Spektrum internationaler, börsengehandelter Hochdividendenwerte. Sie alle eröffnen Anlegern die wirksame Möglichkeit zum Auf- und Ausbau eines passiven Einkommens. Das Buch umfasst 304 Seiten und kostet 17,99 Euro (Taschenbuch) beziehungsweise 13,99 Euro (E-Book). Zum Buch und allen meinen weiteren Veröffentlichungen:

https://nurbaresistwahres.de/buecher

Exklusiver Mitgliederbereich

Sie haben Interesse an exklusiven Informationen und Werkzeugen für Einkommensinvestoren? Falls ja sind die Premiuminhalte genau das Richtige für Sie! Hier erwartet Sie eine Fülle exklusiver Veröffentlichungen, die Sie in dieser Form nirgendwo sonst finden werden – auch nicht in den Blogartikeln. Der Bereich umfasst zurzeit mehrere Video- und Audiobeiträge zum Thema, Datenbanken zu Hochdividendenwerten mit mehreren hundert Titeln, zahlreiche Bücher beziehungsweise Buchzusammenfassungen, Excel-Vorlagen zur Finanzverwaltung sowie mein persönliches Realdepot! Zum Mitgliederbereich:

https://nurbaresistwahres.de/premiuminhalte

Onlinekurse

Neues Wissen erwerben Sie am liebsten zeit- und ortsunabhängig? Meine zweiteiligen Onlinekurse eignen sich für Anfänger, Fortgeschrittene und Experten, die ihren Kompetenzkreis zu passiven Einkommensstrategien erweitern möchten. Der erste Teil umfasst jeweils über eine Stunde strukturiertes Videomaterial zum jeweiligen Thema, welches die grundlegenden Fachkenntnisse vermittelt. Der zweite Teil beinhaltet ergänzende Materialien einschließlich Wertpapierdatenbanken, welche die praktische Umsetzung des Erlernten deutlich erleichtern:

https://nurbaresistwahres.de/onlinekurse

Vor-Ort-Seminare

Sie schätzen den direkten Kontakt und die Diskussion mit Gleichgesinnten? Als der Fachmann für Hochdividendenwerte im deutschsprachigen Raum vermittle ich Ihnen gerne in Kleingruppen alle notwendigen Grundlagen zum Auf- und Ausbau eines Portfolios ausschüttungsstarker Geldanlagen – eben Ihre ganz persönliche Hochdividendenrente! Die Seminare beinhalten keinen Verkauf von Finanzprodukten, keine Finanzvermittlung und keine Anlageberatung. Hier erfolgt ausschließlich praxisorientierter Wissenstransfer:

https://nurbaresistwahres.de/vor-ort-seminare

Persönliche Schulungen

Sie haben Informationsbedarf und bevorzugen individuellen Wissenstransfer? Auf dem Weg zur Dividendenrente unterstütze ich Einkommensinvestoren und solche die es werden wollen gerne persönlich und individuell per E-Mail, Telefon oder Videokonferenz mit meiner Fachexpertise! Aufgrund des erfahrungsgemäß unterschiedlichen Bedarfs biete ich drei verschiedene Leistungen mit spezieller Schwerpunktsetzung an – von der E-Mail-Schulung bis zur Intensivschulung. Zum Schulungsangebot:

https://nurbaresistwahres.de/schulungen

Privatseminare

Analog zu den Vor-Ort-Seminaren gebe ich meine Kenntnisse und Erfahrungen auch im Rahmen von Privatseminaren weiter. Diese werden zum Komplettpreis angeboten und den jeweiligen kundenspezifischen Belangen des Auftraggebers angepasst. Zum Privatseminar:

https://nurbaresistwahres.de/privatseminare

Seitenprofile

Blog: https://nurbaresistwahres.de
Bücher: https://nurbaresistwahres.de/buecher
Leistungen: https://nurbaresistwahres.de/leistungen
Facebook: https://www.facebook.com/nurbaresistwahres
FB-Gruppe: https://www.facebook.com/groups/einkommensinvestoren
LinkedIn: https://www.linkedin.com/company/baresistwahres
LI-Gruppe: https://www.linkedin.com/groups/8816372
Pinterest: https://www.pinterest.de/nurbaresistwahres
Instagram: https://www.instagram.com/baresistwahres
Twitter: https://twitter.com/baresistwahres
YouTube: https://nurbaresistwahres.de/youtube

Personenprofile

LinkedIn: https://www.linkedin.com/in/luis-pazos
XING: https://www.xing.com/profile/Luis_Pazos
Amazon: https://nurbaresistwahres.de/amazon
E-Mail: pazos@nurbaresistwahres.de

Zum Blog

„Bares" ist die einzige nicht manipulierbare und objektiv messbare Finanzkennzahl. Auf diesem Leitgedanken ist *Nur Bares ist Wahres!* aufgebaut - das Finanzblog für börsennotierte Hochdividendenwerte und ausschüttungsstarke Geldanlagen. Dieser Band versammelt die besten Blogbeiträge des Jahres 2019.

Leserstimmen zum Blog:

- „Ich lese die Beiträge sehr gern, sie sind fundiert und begründet, außerdem nicht das, was man auf allen Finanzblogs sonst lesen kann."

- „Hochzinsanlagen als Alternative zu Aktien, einmalig!!!"

- „Ansätze, die es sonst nirgendwo so gibt."

- „Absolut super ist die augenfällige Sachlichkeit und Seriosität."

- „Ich empfinde die sehr guten und faktenreichen Analysen als sehr hilfreich."

- „Sehr sachliche und ausführliche Beschreibungen, viele neue Anregungen."

Zum Autor

Luis Pazos wurde 1974 im Rheinland geboren und lebt in Südniedersachsen. Nach Abitur, Studium und Offizierslaufbahn ist er heute im Management eines mittelständischen IT-Unternehmens tätig. Für das Monatsmagazin *eigentümlich frei* schreibt Luis Pazos regelmäßig Fachartikel. Er handelt seit 1994 ein breites Spektrum von Wertpapieren, sein Spezialgebiet sind passive Einkommensstrategien mit Hochdividendenwerten.

Printed in Poland
by Amazon Fulfillment
Poland Sp. z o.o., Wrocław

53284675R00094